大学生劳动教育

主　编　王勇刚　章宗阳
副主编　郭　雯　吴亚君　王忠敏
参　编　毕建瑶　金　丽　王常娟　矣成丽　马娅娇

机械工业出版社

本书是为高等职业院校开设劳动专题教育必修课编写的教材,本书依据《关于全面加强新时代大中小学劳动教育的意见》《大中小学劳动教育指导纲要(试行)》精神编写,内容包括认识劳动世界、劳动成就与劳动精神、新时代大学生的劳动价值观、新时代大学生劳动实践、职业劳动指导共五章。本书突出正确树立劳动价值观、新时代劳动精神培养与传承、学校劳动实践、安全与保护、劳动法规与风险防范意识的养成,有丰富的中国古今劳动成果案例,对大学生学习、理解、掌握劳动知识和传承劳动精神有积极帮助,对培育学生的民族自豪感、文化自信有积极作用。

本书既可作为高等职业院校劳动教育课程的教材,又可作为相关人员了解劳动教育理论和实务的参考用书。

图书在版编目(CIP)数据

大学生劳动教育/王勇刚,章宗阳主编. —北京:机械工业出版社,2023.9(2024.8重印)

ISBN 978-7-111-73755-1

Ⅰ.①大… Ⅱ.①王…②章… Ⅲ.①劳动教育-高等职业教育-教材 Ⅳ.①G40-015

中国国家版本馆 CIP 数据核字(2023)第 161982 号

机械工业出版社(北京市百万庄大街22号 邮政编码100037)
策划编辑:张雁茹 责任编辑:张雁茹
责任校对:肖 琳 李 婷 封面设计:张 静
责任印制:常天培
北京机工印刷厂有限公司印刷
2024年8月第1版第2次印刷
184mm×260mm・7.25 印张・164 千字
标准书号:ISBN 978-7-111-73755-1
定价:29.90 元

电话服务 网络服务
客服电话:010-88361066 机 工 官 网:www.cmpbook.com
　　　　　010-88379833 机 工 官 博:weibo.com/cmp1952
　　　　　010-68326294 金 书 网:www.golden-book.com
封底无防伪标均为盗版 机工教育服务网:www.cmpedu.com

前　言

2018年9月，习近平总书记在全国教育大会上指出，要培养德智体美劳全面发展的社会主义建设者和接班人。青年学生不仅要在德智体美上成为优秀的时代新人和未来实现中华民族伟大复兴的主力军，还必须从劳动中体验生活的本质，了解社会责任，明确奋斗方向。

本书是为高等职业院校劳动教育理论必修内容编写的教材，主要内容包括认识劳动世界、劳动成就与劳动精神、新时代大学生的劳动价值观、新时代大学生劳动实践、职业劳动指导。

本书围绕三条主线来编写：一是以马克思主义劳动价值观、习近平总书记关于劳动精神的重要论述为主线，二是以我国古代、近代、改革开放至今的劳动成果、劳动创造和劳动精神为主线，三是以劳动实践为主线。通过三条主线来构建劳动教育知识体系，增强学生的文化自信，培育学生的劳动意识和树立正确的劳动价值观。

本书有四个特色：一是通过丰富多样的中国人民的劳动创新成果案例，体现勤劳的中国人民的劳动智慧与发明创造，培养学生的劳动精神、劳模精神、工匠精神，增强学生民族自豪感与民族自信；二是劳动教育与德智体美相融合，从劳动中体现德育、智育、体育、美育，达到五育并举，培养学生的综合素质；三是让学生知道在校高职学生劳动实践有哪些，如何通过劳动实践来体现正确的劳动价值观，培养学生的知行合一；四是通过职业劳动指导，让学生知道关于劳动法规、劳动风险防范、劳动争议、劳动安全和隐患等方面的知识，培养学生劳动法律法规意识、劳动安全意识。

本书由王勇刚、章宗阳担任主编。本书的第一章、第二章由金丽、郭雯编写；第三章由王常娟、毕建瑶编写；第四章由吴亚君、马娅娇编写；第五章由矣成丽、王忠敏编写；全书由王勇刚、章宗阳完成统稿工作。

限于作者水平，本书不足之处在所难免，敬请广大同行和读者批评指正。

编　者

目 录

前言
第一章　认识劳动世界 1
　第一节　劳动与劳动价值观 1
　　一、对劳动的基本认识 1
　　二、马克思主义劳动价值观的基本内容 2
　　三、新时代劳动价值观 4
　第二节　劳动的价值 10
　　一、劳动价值与人的全面发展 10
　　二、劳动价值与社会的发展 12

第二章　劳动成就与劳动精神 18
　第一节　劳动铸就中国辉煌历史 18
　　一、古代发明创造成就 18
　　二、古代手工业成就 20
　　三、古代文明成就 24
　第二节　新中国的劳动成就与劳动精神 27
　　一、社会主义革命和建设时期 27
　　二、改革开放和社会主义现代化建设新时期 30
　　三、中国特色社会主义新时代 32
　第三节　传承劳模精神、劳动精神、工匠精神 35
　　一、"三种精神"的提出 35
　　二、"三种精神"的内涵与外延 37
　　三、"三种精神"的传承 38

第三章　新时代大学生的劳动价值观 40
　第一节　树立正确的劳动价值观 40
　　一、劳动奉献最光荣 40
　　二、劳动人民最崇高 42
　　三、劳动实践最伟大 43
　　四、劳动创造最美丽 44
　第二节　劳动教育与德育、智育、体育、美育相融合 45

  一、劳动教育与德育 ... 45
  二、劳动教育与智育 ... 47
  三、劳动教育与体育 ... 49
  四、劳动教育与美育 ... 50
 第三节 劳动实践与劳动责任 ... 52
  一、劳动教育与劳动实践相结合的必然性 ... 53
  二、劳动实践中劳动责任缺失常见问题 ... 55
  三、劳动实践与劳动责任相结合的实践路径 ... 56
  四、劳动安全意识 ... 59

第四章 新时代大学生劳动实践 ... 63
 第一节 家务劳动 ... 63
  一、家务劳动的概念 ... 64
  二、主题实践 ... 65
 第二节 校园劳动实践 ... 67
  一、垃圾分类 ... 67
  二、公共环境 ... 68
  三、寝室美化 ... 68
  四、勤工助学 ... 69
 第三节 志愿服务活动 ... 70
  一、志愿服务基础知识 ... 71
  二、志愿者的自我修养 ... 72
  三、参与志愿服务活动 ... 73
 第四节 社会实践 ... 75
  一、社会实践的概念和意义 ... 75
  二、社会实践的内容 ... 76
  三、社会实践报告的写作方法 ... 77
  四、社会实践的考核评价反馈 ... 78
 第五节 创新创业 ... 79
  一、创新思维与创业 ... 79
  二、新时代大学生"双创"活动 ... 81

第五章 职业劳动指导 ... 87
 第一节 职业与劳动安全 ... 87
  一、职业 ... 87
  二、劳动安全与保护 ... 94
 第二节 劳动法规与风险防范 ... 96

一、劳动法规 …………………………………………………………… 96
二、劳动者的基本权利和义务 ………………………………………… 97
三、劳动关系与劳动合同 ……………………………………………… 99
四、劳动者风险防范 …………………………………………………… 103
五、劳动争议处理 ……………………………………………………… 105

参考文献 ………………………………………………………………… 107

第一章

认识劳动世界

第一节　劳动与劳动价值观

一、对劳动的基本认识

劳动有广义和狭义之分。狭义的劳动指生产和生活中的劳动，是人类活动的一种形式，是具有一定劳动知识和技能的人使用劳动工具，以获取劳动成果为目的而对外部对象实施改造的活动。例如种植水稻、修建房屋、洗衣做饭等。

广义的劳动除了生产和生活中的劳动外，还包括许多延伸出来的劳动，如脑力劳动、服务劳动。人们从事的写作、设计、管理等活动，由于需要人们的智力参与，因此被称为脑力劳动，这是根据劳动过程中对劳动者参与要素的不同做出的劳动分类。另外，酒店服务员、银行工作人员、销售人员等从事的活动也是劳动，这些劳动所产生的劳动成果不是有形的物品，而是无形的服务，因此被称为服务劳动，这是根据劳动成果形态不同对劳动做出的分类。

根据劳动任务要求人做些什么，涉及哪些器官或者功能，劳动分为肌力式、运动式、反应式、综合式及创造式劳动，见表1-1。

表1-1　劳动分类

劳动类型	能量性劳动（产生和付出体力）		信息性劳动（加工和产生信息）		
劳动形式	肌力式劳动	运动式劳动	反应式劳动	综合式劳动	创造式劳动
劳动任务的特点	付出体力，常为机械做功意义上的劳动	手和臂精确地活动，体力此时已不重要	吸收和加工信息，有时做出反应	吸收和加工信息，转换为另一种信息并交付出去	产生信息并在一定时候交付出去
涉及的主要身体组织	肌肉、肌腱、骨骼、循环呼吸	肌肉、肌腱、感官	感官（肌肉）	感官、大脑	大脑
举例	搬运、铲沙子	流水线装配、驾驶	警卫、监控	编程序、语言翻译	发明、解决问题

二、马克思主义劳动价值观的基本内容

在马克思主义经典著作中,关于劳动的论述很多。从某种程度上讲,马克思主义的整个思想体系是围绕着劳动问题展开的,《1844年经济学哲学手稿》提出了"异化劳动",另外在《德意志意识形态》中提出了"物质生产劳动",《资本论》和很多手稿则是围绕"雇佣劳动""剩余劳动""自主劳动"等展开论述的。

(一)劳动与人类

劳动,彻底将人与猿区别开来。马克思在《1844年经济学哲学手稿》中指出,"正是在改造对象世界中,人才真正地证明自己是类存在物。这种生产是人的能动的类生活。通过这种生产,自然界才表现为他的作品和他的现实。因此,劳动的对象是人的类生活的对象化:人不仅像在意识中那样理智地复现自己,而且能动地、现实地复现自己,从而在他所创造的世界中直观自身。"而恩格斯也在《劳动在从猿到人转变过程中的作用》中指出,"其实劳动和自然界一起才是一切财富的源泉,自然界为劳动提供材料,劳动把材料变为财富。但是劳动还远不止如此。它是整个人类生活的第一个基本条件,而且达到这样的程度,以致我们在某种意义上不得不说:劳动创造了人本身。"

所以,劳动是人类赖以生存、发展的决定力量。人类经历了从早期猿人到晚期智人的发展过程。劳动促使人类的脑量不断增大优化,使人类体态特征越来越区别于猿而近似于现代人,而且使用劳动工具日益改进和多样化,如图1-1所示,人类智力得到进化,物质生活逐渐丰富。

图1-1 猿人到智人的发展过程

(二)劳动与社会发展

马克思在《德意志意识形态》一书中指出:"我们首先应当确定一切人类生存的第一个前提,也就是一切历史的第一个前提,这个前提是:人们为了能够'创造历史',必须能够生活。但是为了生活,首先就需要吃喝住穿以及其他一些东西。因此第一个历史生活就是生产满足这些需要的资料,即生产物质生活本身,而且这是这样的历史活动,一切历史的一种基本条件,人们单是为了能够生活就必须每日每时去完成它,现在和几千年前都是这样。"在马克思看来,劳动是"一切历史的基本条件",有了人类的劳动,有了满足人类生存必需的前提,才产生了生活和历史。马克思从唯物主义立场出发,充分肯定了劳动对于整个人类和人类历史的重要意义。他进一步强调了这一简单事实:"任何一个民族,如果停止劳动,

不用说一年，就是几个星期，也要灭亡，这是每个小孩都知道的。"

> **案例 1-1：劳动工具的使用推动人类社会进步**
>
> 劳动是人类的本质活动，是推动人类社会进步的根本力量。从原始社会发展到现代社会，时代变迁、斗转星移，但劳动的"本性"未变。正是劳动，让人类从原始的结绳记事、钻木取火走向现代文明，迈入信息时代。
>
> 在劳动中发明和使用工具，促使大脑思考复杂的问题，发明创造的能力得以提升。人类对于工具的使用由来已久，在远古时代，人类的祖先与猿猴分道扬镳正是源于对工具的使用。制造和使用生产工具是人区别于其他动物的标志，是人类劳动过程中独有的特征。对石器的打磨、敲击，陶器的揉捏、烤制，都进一步开发了人类祖先的大脑。在钻木取火，缝制衣物，采集耕种的过程中，各种骨质、石质、陶制工具的制造与使用在开发人类大脑的同时，也加快了人类进化的脚步。生产工具的发明与创造推动了生产力的进步，生产力的进步推动了生产关系的变革，人类早期社会的发展和阶级的产生也随之形成。
>
> 步入农耕社会，生产工具进一步革新。就我国古代而言，牛耕技术的应用加快了开荒造田的进度，大量私田的开垦瓦解了旧有的土地制度，动摇了奴隶社会的统治基础。与之而来的，是封建社会的产生和中央集权制度的建立。相应的，在封建时期，劳动人民中颇有智慧的创造者或集前人经验或突发奇想灵光乍现，也发明了一批富有创造力的生产工具。用于播种的耧车，用于灌溉的风力水车，以及开垦用的曲辕犁，都是农业经济时期赖以生存的生产工具。
>
> 近代以来，西方开始崭露头角，乃至引领时代潮流，自第一次工业革命以来，以蒸汽为动力的蒸汽轮船、蒸汽机车相继发明，带来的效益使得人们联系的时空距离大大缩短。纺织机的发明创造有效提高了生产效率，促进了工业的进一步发展。第二次工业革命，工业生产效率进一步加快，世界生产走向工业化。
>
> 在日新月异的信息化时代，在百舸争流、千帆竞过的二十一世纪，东方古国后发先至，各类现代化工商业创造发明独占鳌头；全新的商业模式，独特的线上运营，引领新颖商业运作模式；大国重器"蛟龙号""神威·太湖之光""神舟系列载人飞船"真正实现了可上九天揽月，可下五洋捉鳖。
>
> 时移世易，劳动工具的发明创造提高了劳动水平，劳动不断助推社会发展。如果把人类社会比作一辆高速行驶的汽车，那么人类劳动便是车的发动机，唯有社会的辛勤劳动才能确保社会的不断前进。

（三）劳动与人的发展

马克思以异化劳动理论为基础，尖锐批评了资本主义社会的异化扭曲人的本质。在私有制条件下，本应是"自由自觉的活动"的生产劳动却变成了异化劳动，劳动本身成为劳动者的一种异己的力量。从本质上看，劳动异化折射出的恰恰是因私有制而导致的无产阶级和资产阶级的对立。在马克思看来，在未来的共产主义社会里消灭了旧式的社会分工，消灭了异化劳动，将人的本质重新还给人，从而实现人的自由的全面发展。正是在以上论述的基础上，马克思深刻指出，生产劳动同智育和体育相结合，它不仅是提高社会生产力的一种方法，而且是造就全面发展的人的唯一方法。

三、新时代劳动价值观

党的十八大以来，习近平总书记将"坚持社会公平正义，排除阻碍劳动者参与发展、分享发展成果的障碍，努力让劳动者实现体面劳动、全面发展"作为施政目标之一，将"人民日益增长的美好生活需要和不平衡不充分的发展之间的矛盾"视为中国特色社会主义进入新时代后我国社会的主要矛盾，强调"坚持以人民为中心的发展思想，不断促进人的全面发展、全体人民共同富裕"。伴随着中国特色社会主义进入新时代，以习近平同志为核心的党中央站在历史高度，立足中国国情和发展实际，在继承和发展马克思主义劳动哲学的基础上，逐步形成了习近平关于劳动精神的重要论述，为实现"两个一百年"奋斗目标、中华民族伟大复兴的中国梦提供了强大的理论支撑。

（一）习近平新时代中国特色社会主义思想关于劳动的重要论述

2013—2016年的五一国际劳动节，习近平总书记连续四年发表系列重要讲话，就劳动、中国梦、劳动者、劳模精神等内容进行了深刻阐述。党的十九大报告也提出了一系列与劳动密切相关的重要论断。习近平新时代中国特色社会主义思想在充分继承马克思主义思想的基础上，进一步发展了马克思主义劳动观。习近平关于劳动精神的重要论述回应了新时代的重大关切，包含了"实干兴邦"的劳动实践观、"民族复兴"的劳动发展观、"崇尚劳动"的劳动价值观等丰富内涵，成为推动党和人民事业发展的强大思想武器和具体行动指南。

1. 劳动实践观

习近平总书记指出："人类是劳动创造的，社会是劳动创造的。"这一论述立足于唯物史观，强调了劳动对人类的重要性，进一步指出无论时代条件如何变化，人类文明进步的历史事实告诉人们，劳动不仅创造了人类，也是人类基本的实践活动和存在方式，更是人类生存和发展的最基本条件，还是人类创造物质财富和精神财富的基本途径。从马克思的"劳动创造了人本身"到习近平强调"劳动是人类的本质活动"，既是对唯物史观劳动思想的继承与发展，也是"劳动是人类的本质活动"这一思想在新时代中国特色社会主义伟大事业中的生动体现。从这个意义上讲，习近平关于劳动精神的重要论述是对马克思主义劳动哲学的继承和发展，是马克思主义中国化最新成果，是新时代中国特色社会主义理论体系的重要组成部分。

"我们所处的时代是催人奋进的伟大时代，我们进行的事业是前无古人的伟大事业，我们正在从事的中国特色社会主义事业是全体人民的共同事业。""全面建成社会主义现代化强国，实现中华民族伟大复兴的中国梦，根本上靠劳动、靠劳动者创造。"这些论述既彰显了一个基本观点，即"社会主义是干出来的"，也充分体现了马克思主义实践观思想。同时，这些论述也深刻揭示了梦想与现实的辩证关系，怎样实现梦想？唯有靠勤奋不辍、持之以恒的劳动。从个人与集体的互动关系角度上讲，中国梦也是每一个中国人的梦，每一个人的梦想实现需要通过奋斗，而中国梦的实现则需要14亿中国人共同奋斗。

"中华民族是勤于劳动、善于创造的民族。正是因为劳动创造，我们拥有了历史的辉煌；也正是因为劳动创造，我们拥有了今天的成就。"近代以来，中华民族实现了站起来、富起来、强起来的根本转变，依靠的正是一代又一代中国人的辛勤劳动、接续奋斗。干在实处，走在前列。习近平同志指出，要坚持实干兴邦，始终坚持和发展中国特色社会主义。只有在全社会牢固树立崇尚劳动、劳动光荣的"实干"精神，才能实现"兴邦"的伟大梦想。习近平关于劳动精神的重要论述夯实了全民族"实干兴邦"的劳动实践观，鼓励以辛勤劳动、诚实劳动、创造性劳动成就伟大梦想。

2. 劳动发展观

习近平同志指出，"劳动是推动人类社会进步的根本力量""劳动是一切成功的必由之路"。这些论述深刻阐释了劳动创造的哲学意义，重申和强调了劳动创造的历史价值和重要意义，丰富和发展了马克思主义劳动观。劳动不仅创造了人类，而且创造了社会，并推动着社会历史滚滚向前发展。正是站在这样的理论高度上，习近平深刻指出，"人民创造历史，劳动开创未来"。

所以，全面建成小康社会、建成富强民主文明和谐美丽的社会主义现代化国家、实现中华民族伟大复兴，根本上需要依靠劳动，依靠劳动者创造。党的十九大报告在对决胜全面建成小康社会做出全面部署的同时，也明确了从2020年到21世纪中叶分两步走全面建设社会主义现代化国家的新目标。这一目标描绘了建成富强民主文明和谐美丽的社会主义现代化国家的宏伟蓝图，并对新时代中国特色社会主义发展做出战略安排。而劳动是通向未来的必经之路，只有通过全国各族人民辛勤劳动、诚实劳动、创造性劳动，才能让美好愿景变成现实，从而最终实现中华民族的伟大复兴。

习近平同志在十八届中共中央政治局常委同中外记者见面会上的讲话中指出，"人民对美好生活的向往，就是我们的奋斗目标"。之后，习近平又多次强调，"全心全意为工人阶级和广大劳动群众谋利益，是我国社会主义制度的根本要求，是党和国家的神圣职责，也是发挥我国工人阶级和广大劳动群众主力军作用最重要最基础的工作"。基于这一出发点，习近平强调劳动应以人为中心，重视劳动对劳动者自身的价值与作用。总体看来，习近平关于劳动精神的重要论述的内涵之一就是"造福劳动者"，特别注重"共建"与"共享"的关系，即"国家建设是全体人民共同的事业、国家发展过程也是全体人民共享成果的过程"，在共同建设的基础上，更要"实现好、维护好、发展好最广大人民根本利益，特别是要实现好、维护好、发展好广大普通劳动者根本利益"，让改革发展成果更多更公平惠及人民，这也是"共享"作为新发展理念的具体体现。"造福劳动者"让马克思关于实现人的自由全面发展思想在新时代焕发出新的光芒。习近平强调,"坚持社会公平正义,排除阻碍劳动者参与发展、分享发展成果的障碍,努力让劳动者实现体面劳动、全面发展",这充分彰显了习近平关于劳动精神的重要论述以人民为中心的本质特征。

党的二十大报告中对人才强国战略作出部署,培养造就大批德才兼备的高素质人才,加快建设国家战略人才力量,努力培养造就更多大师、战略科学家、一流科技领军人才和创新团队、青年科技人才、卓越工程师、大国工匠、高技能人才。只有脚踏实地地劳动、敢想敢为,才能成为有理想、敢担当、能吃苦、肯奋斗的新时代好青年,让青春在全面建设社会主义现代化国家的火热实践中绽放绚丽之花。

3. 劳动价值观

习近平同志在多个场合、多次讲话中阐述了劳动态度、劳动模范、劳模精神在中国特色社会主义事业中的重要作用,他号召全社会应始终弘扬劳模精神、劳动精神、工匠精神,为中国经济社会发展汇聚强大正能量,为实现中国梦提供了"崇尚劳动"的价值引领。在每一次的五一讲话中,习近平都谈及劳动模范和劳模精神,并用较多篇幅论述劳动模范的历史贡献和劳模精神的宝贵价值。自2013年以来,我国先后使用"是民族的精英、人民的楷模""是我国劳动人民的杰出代表,是祖国和人民的骄傲""是坚持中国道路、弘扬中国精神、凝聚中国力量的楷模""是劳动群众的杰出代表,是最美的劳动者"等表述来充分肯定广大劳动模范和先进工作者。对于他们的贡献,两次用"他们以高度的主人翁责任感、卓越的劳动创造、忘我的拼搏奉献,为全国各族人民树立了光辉的学习榜样"予以强调。这些重要论述充分体现出党中央对劳动模范成绩的高度认可和殷殷关怀。对于劳模精神,习近平做了如下深刻阐述:劳模精神"丰富了民族精神和时代精神的内涵,是我们极为宝贵的精神财富""生动诠释了社会主义核心价值观,是我们的宝贵精神财富和强大精神力量""是伟大时代精神的生动体现"。这些重要论述既强调了劳模精神作为精神财富的重要意义,更凸显了劳模精神的时代内涵。十九大报告提出,要"弘扬劳模精神和工匠精神,营造劳动光荣的社会风尚和精益求精的敬业风气"。从国家层面上讲,我们要始终弘扬劳模精神、劳动精神,为实现中华民族伟大复兴的中国梦注入强大的精神动力。从社会层面上讲,弘扬劳模精神有利于在全社会营造"崇尚劳动"的浓厚氛围和精益求精的敬业风气,为中国特色社会主义事业汇聚起强大的正能量。从个人层面上讲,榜样的力量是无穷的,劳模精神可以感染并引领广大劳动者勤奋做事、勤勉为人、勤劳致富,培育践行社会主义核心价值观。

(二)习近平新时代中国特色社会主义思想关于劳动重要论述的时代价值

时代是思想之母,实践是理论之源,习近平关于劳动精神的重要论述正是基于时代的高度与实践的发展,回应了新时代中国特色社会主义发展所面临的新使命与新课题,以劳动支撑起新时代中国特色社会主义的现实关切。

1. 实现中华民族伟大复兴的中国梦必须依靠劳动

以习近平同志为核心的党中央以恢宏的理论勇气和卓绝的政治智慧,描绘了中国梦的宏伟图景,确立了中国人民的奋斗目标。实现中华民族伟大复兴是中华民族近代以来最伟大的梦想,这个梦想凝聚了几代中国人的夙愿。现在,我们比历史上任何时期都更接近中国梦。但我们也应清醒地认识到,在实现中华民族伟大复兴中国梦的征程中,幸福不会从天而降,梦想不会自动成真,如习近平所指出的,"劳动是财富的源泉,也是幸福的源泉。人世间的美好梦想,只有通过诚实劳动才能实现;发展中的各种难题,只有通过诚实劳动才能破解;生命里的一切辉煌,只有通过诚实劳动才能铸就"。鉴于此,"中华民族伟大复兴,绝不是轻轻松松、敲锣打鼓就能实现的。全党必须准备付出更为艰巨、更为艰苦的努力"。该如何努力呢?习近平同志也给出了答案,"实现我们的奋斗目标,开创我们的美好未来,必须紧紧依靠人民、始终为了人民,必须依靠辛勤劳动、诚实劳动、创造性劳动"。

"民生在勤,勤则不匮。"习近平深情指出,"说到底,实现中华民族伟大复兴的中国梦,要靠各行各业人们的辛勤劳动"。毋庸置疑,展望未来,"两个一百年"奋斗目标的实现,仍然需要人民的劳动创造来铸就,更需要一代又一代的中国人努力拼搏。

2. 深化供给侧结构性改革需要构建和谐劳动关系

2014年以来,我国经济运行迈入新常态,伴随着供给侧结构性改革的持续推进和逐步深化,经济发展方式深刻转变,经济结构深刻调整,劳动力市场灵活性增强。在各级各地政府"三去一降一补"化解过剩产能过程中,劳动关系的运行也发生了深刻变化,职工队伍结构更加复杂,劳动关系领域的问题和矛盾日益凸显。

党的十九大报告提出,要"构建和谐劳动关系"。"劳动关系是最基本的社会关系之一。要最大限度增加和谐因素、最大限度减少不和谐因素,构建和发展和谐劳动关系,促进社会和谐"。针对生活暂时遇到困难的部分劳动群众,习近平同志多次要求,"各级党委和政府要落实好失业人员再就业和生活保障、财政专项奖补等支持政策,落实和完善援助措施,创造更多就业岗位"。这也彰显了以人民为中心的发展思想,更彰显了习近平强调构建和谐劳动关系的重要意义。

3. 中国制造转型升级需要一支高素质产业工人队伍

在全球深度嬗变的激荡变局中,国际竞争日趋激烈。而一个国家发展能否在全球格局中抢占先机,赢得主动,国民素质特别是广大劳动者素质起着至关重要的决定性作用。人是生产力中最活跃最根本的要素,无论是"中国制造",还是"中国创造",乃至"中国智造",都需要一支结构优化、素质过硬的产业工人队伍,需要大规模布局合理、技艺精湛的技能人才,更需要一大批精益求精、追求卓越的大国工匠。

习近平同志指出,"我们要始终高度重视提高劳动者素质,培养宏大的高素质劳动者大军。劳动者素质对一个国家、一个民族发展至关重要"。人是生产力中最活跃的要素。走新型工业化道路、建设制造强国,需要全面提升劳动者素质,造就一支有理想守信念、懂技术会创新、敢担当讲奉献的宏大产业工人队伍。但是，目前我国劳动者素质还不容乐观。人社部统计数据显示，截至 2015 年年底，我国技能劳动者总量约为 1.65 亿人，仅占就业人员总数的 20%；高技能人才总量约为 4501 万人，仅占技能劳动者总数的 27.3%。而西方发达国家尤其是一些制造业强国，高技能人才占到技能劳动者总数的 40% 以上。一些地方出现的"技工荒"，就是这种情况的反映。习近平同志提出："要实施职工素质建设工程，推动建设宏大的知识型、技术型、创新型劳动者大军……我们一定要深入实施科教兴国战略、人才强国战略、创新驱动发展战略，把提高职工队伍整体素质作为一项战略任务抓紧抓好"。理念是行动的先导。2017 年，中共中央、国务院印发了《新时期产业工人队伍建设改革方案》，针对影响产业工人队伍发展的突出问题，创新体制机制，提高产业工人素质，畅通发展通道，依法保障权益，努力造就一支有理想守信念、懂技术会创新、敢担当讲奉献的宏大的产业工人队伍。

案例 1-2：站在国家科技进步领奖台的沈阳工人——洪家光

"年薪给你 1000 万！" 2019 年，美国开出千万年薪，想挖走我国一名普通技校的毕业生。结果遭到对方的霸气拒绝。这个有着奇迹般人生境遇的人名叫洪家光，用他的话来说，自己只是一个普普通通的工人。但实际上，洪家光却对我国飞机的国产化做出了巨大贡献。

洪家光技校毕业后，便来到了发动机制造工厂，在工作的过程中，他发现我国在发动机制造领域存在很多不足，处于落后阶段。为了改变这个局面，他努力提升自己的技术水平，并向工厂里经验丰富的老师傅请教各种知识，而老师傅也十分欣赏这个好学的年轻人，便倾囊相授。从此洪家光的个人能力得到了极大地提升。

洪家光所在的工厂接到了一项特殊的任务，那就是制造飞机发动机里的重要零件。这个零件的品质将直接关系到发动机研发的成败。如果发动机研发失败，那么我们投入的大量人力、物力、财力，都将化为乌有。在这个关键时刻，洪家光主动站了出来，接下这项艰巨的任务。在费尽了千辛万苦之后，他终于成功制造出了一批重要零件。经过检验，洪家光却得到了一个令他十分失望的消息，这些零件达不到国际上的标准。这就意味着，洪家光此前所有的努力都化为了乌有。他并没气馁，反复研究零件出错的地方，并发现这些出错地方的技术，都属于国外封锁的范围内。按照我国现有的科技来看，还远远达不到这样的水平。尽管目前的条件十分困难，任务又万分艰巨，但洪家光并没有退缩。虽然国外对技术进行了封锁，但洪家光却暗下决心，不管付出多大的代价，都一定要攻克这项技术难关，制造出符合国际标准的零件。只有这样才不会让国家的投入白费，才能够推动我国飞机研发的进程。

为了实现这个目标，洪家光开启了疯狂研究模式，在经过成百上千的试验后，他总结经验教训，终于成功研发出了合格的产品（图 1-2）。发动机研发的关键问题得到了解决，洪家光也因此在世界上出了名。美国对我国能够成功掌握这项技术感到十分嫉妒和不满，便开始打歪主意，想要中断我国飞机研发的进程。他们觉得洪家光在发动机研发的过程中起到了关键性的作用，便想用年薪 1000 万的条件，诱惑洪家光放弃中国国籍，搬到美国生活和工作。面对美国提出的诱惑，洪家光坚定回绝，在他的心里，没有什么比自己的国家更加重要的。

在我国繁荣昌盛的背后，离不开每一个中国人的辛勤劳动，更离不开每一位身负重任的大国工匠的默默付出。他们为了国家的崛起做出了巨大贡献。

图 1-2　中国第一打磨匠——洪家光

（三）习近平思想对劳动教育的新发展

青年兴则国兴，青年强则国强。习近平同志对广大青少年培养深厚劳动情怀有殷切期待，要通过各种措施和方式，教育引导广大青少年牢固树立热爱劳动的思想、牢固养成热爱劳动的习惯，为祖国培养一代又一代勤于劳动、善于劳动的高素质劳动者。

但从现实中来看，由于家庭的宠爱、学校劳动教育的不足和社会风气的影响，一部分青少年缺乏最基本的劳动习惯，劳动情怀也比较淡薄，劳动价值观存在一定偏差。"要教育孩子们从小热爱劳动、热爱创造，通过劳动和创造播种希望、收获果实，也通过劳动和创造磨炼意志、提高自己"这些重要论述从劳动创造的功能角度强调了对孩子们自小开始进行劳动教育的必要性。

切实加强劳动教育，努力把广大青少年培养成勤于劳动、善于劳动、热爱劳动的高素质劳动者，是新时代党和国家对教育的根本要求。2015 年 8 月，教育部联合共青团中央、全国少工委印发了《关于加强中小学劳动教育的意见》（以下简称《意见》）。旨在通过劳动教育，提高广大中小学生的劳动素养，促进他们形成良好的劳动习惯和积极的劳动态度，克服不良的劳动价值观，培养他们勤奋学习、自觉劳动、勇于创造的精神，为他们终身发展和人生幸福奠定基础。2015 年 12 月 27 日，第十二届全国人大常委会第十八次会议表决通过了关于修改教育法、高等教育法的决定，这意味着对施行了 21 年的《中华人民共和国教育法》和 17 年的《中华人民共和国高等教育法》同时做出修订。新《中华人民共和国高等教育法》第四条新增了"为人民服务"与"社会实践"相结合等内容，第五条关于高等教育任务表述中增加了"社会责任感"的要求。这一修订既是对高等教育发展改革进程中出现的矛盾和问题的制度回应，体现了立法需要与时俱进的法治精神；更是对我国高等教育未来改革发展的制度引领，彰显了我国高等教育改革发展的价值取向。从这些变化中我们可以看出，高等教育作为国家教育事业的重要组成部分，不能仅仅满足于工具合理性追求，更要强调其价值合理性追求，这一价值追求就是为人民服务。

2018年4月30日，在"五一"国际劳动节来临之际，习近平总书记给中国劳动关系学院劳模本科班学员回信，向他们、全国所有劳动模范及全国广大劳动者致以节日的问候。总书记的回信，让参与写信的38名劳模本科班学员群体热血沸腾，更让广大劳动者深感振奋、备受鼓舞。中国特色社会主义伟大事业需要依靠一代又一代中国人的辛勤劳动、接续奋斗来实现。青年一代有理想、有本领、有担当，国家就有前途，民族就有希望。习近平总书记的回信精神感召青年大学生勤奋做事、勤勉为人，激励青年大学生以敢闯敢试的勇气、激荡自我的智慧、舍我其谁的担当，勇做新时代的见证者、开创者、建设者，以饱满的奋斗热情、昂扬的拼搏斗志，争先做新时代的奋斗者。2018年9月10日，习近平总书记在全国教育大会上强调，"培养德智体美劳全面发展的社会主义建设者和接班人"，"要在学生中弘扬劳动精神，教育引导学生崇尚劳动、尊重劳动，懂得劳动最光荣、劳动最崇高、劳动最伟大、劳动最美丽的道理，长大后能够辛勤劳动、诚实劳动、创造性劳动"。这些重要论述，高扬劳动教育的旗帜，丰富发展了党的教育方针，具有重大的时代价值和鲜明的现实针对性，也对高校提出了加强劳动教育的新任务、新课题。

第二节　劳动的价值

根据调查，不少青少年不愿意劳动，排斥劳动。和其他国家的青少年相比，我国青少年参加劳动的时间明显偏少。有调查发现，美国小学生平均每天劳动时间为1.2小时，韩国为0.7小时，而我国只有12分钟。

学业负担过重，城市居住格局把人与劳动环境割裂开来，父母对家务活大包大揽，这些的确是阻碍青少年参与劳动的重要因素。但对任何事物的发展而言，外部因素都是辅助性的，内部因素才是决定性的，是否参与劳动，关键还是取决于青少年自己对劳动的看法。因此让青少年正确认识到劳动的价值意义是非常重要的。

一、劳动价值与人的全面发展

（一）劳动是培养意志的良好途径

意志是人自觉地确定目的，根据目的调节并支配自身的行动，克服困难，去实现预定目标的心理倾向。意志是人的心理素质中非常重要的组成部分，能否做成一件事情，首先取决于我们是否有意愿付出精力、克服困难、追求目标。人们的所有行为都需要意志来驱动。追求的目标大小不同，所需要的意志也不同。追求的目标越高远，需要付出的精力就越多，需要克服的障碍就越大，所需要的意志也就越强。一个人的成功，往往不是取决于他有多强的能力，而是取决于他有多强的意志。强大的意志能给予我们达到目标的巨大力量。

怎样才能获得这种意志？途径多种多样，但劳动是其中非常重要、有效的一种途径，且其效果甚至要优于体育运动。一直劳动的人往往都有很坚强的意志。因为劳动过程本身很艰苦，艰苦的过程容易锻炼人的意志，同时，劳动是一种以获得成果为目标的活动，获得的劳动成果会使人们产生强烈的满足感和成就感，从而提升人们的意志水平。

（二）劳动是知识的源泉

我们生活在一个教育普及的社会，一个没有知识的人，或者知识贫乏的人，是无法适应现代生活的。我们往往只看到了教育是获取知识的途径，而忽略了劳动也是获得知识的重要途径。其实，在劳动中获得的知识更加实用，这种知识能更加有效地促进智慧的发展，提高应对环境的能力。

著名作家陶铸先生说："劳动是一切知识的源泉。"这句话告诉我们，劳动可以让我们学到实用的知识，在劳动中能深刻地理解知识、运用知识，成为具有真才实学的人。正所谓实践出真知，要获得真正有用的知识，培养做事的能力，就要勇于投入到劳动实践中。纵观人类历史，许多知识和文化艺术都是在劳动中诞生的。

> **案例 1-3：二十四节气**
>
> 二十四节气是古代农耕文明的智慧结晶，是我国古代文化的瑰宝。古代人民认识到农耕生产与大自然的节律息息相关，农业耕种只有按照相应节气进行，顺应农时，才能获得好的收成。古人通过观察天体运行，总结出了一年中时令、气候、物候等方面的变化规律（即自然的节律）。如图 1-3 所示，古人把地球绕太阳运动一圈划分为 24 节。每个节就是一个节气，它们被分别命名，如芒种、夏至、小暑等。二十四节气既可以帮助我们把握气候变化，又可以帮助我们把握农作物种植的关键时节，提高收成，这对于农业社会来说尤其重要。人们总结出了"谷雨前后，种瓜点豆"的口诀，
>
>
>
> 图 1-3 二十四节气

> 例如要种红薯，就要选择谷雨至夏至，这是最佳时节；再例如"处暑就把白菜移，十年准有九不离"，即栽种白菜的最佳时节是处暑。

（三）劳动是思维发展的支柱

语言和思维是人区别于动物的重要特征。人类没有了思维，就只能像动物一样被动地适应环境，而不能主动地征服环境、改造环境。人类创造的各种成果，无不是思维的结果。但人刚出生时也只有感知觉，还没有思维能力，而思维的成熟要到12岁以后。

我们的思维是从哪里来的？影响思维能力发育的关键因素是什么？瑞士著名心理学家让·皮亚杰用了一生的精力来研究这个问题。让·皮亚杰的研究结论是：人的思维能力是由动作内化而来的。儿童借助动作与外界相互作用进行思维，随着活动的积累，心理的成熟，人类逐步学会了摆脱动作、形象等支持手段，直接用语言符号进行思维。这就是说，思维的发育需要来自活动情境中的各种因素的刺激。如果一个人从小被长辈过度照顾，使自己活动受限，或受空间等因素的影响而缺乏充分活动所需要的条件，他的思维发育就会受到影响。当个体的思维发展起来后，活动仍然是使其思维变得越来越复杂、越来越灵活的重要刺激因素。人们可以从知识的学习中获得思维能力，例如学习数学可以刺激我们精确思维能力的发育，而在劳动中获得的思维能力更有助于提升我们适应现实环境的能力。

劳动是一种以成果为目标的活动，是一种过程复杂、目标确定的活动，这种活动更有助于刺激我们思维能力的发育。在劳动过程中，手指会做复杂、精细的动作，这会促进大脑血流量的增加，从而使个体的思维更加敏捷。让·皮亚杰的研究说明，不进行一定量的劳动，人的思维发展会受到阻碍。例如，当我们长期缺乏劳动时，思维会变得越来越迟钝，但是在繁忙的工作、学习之余，安排一些劳动，会使得身心更加放松，思维更加活跃，注意力更容易集中。

（四）劳动是肢体运动能力、感知能力发展的条件

锻炼人的肢体运动能力、感知能力的活动形式多种多样。现代人比较喜欢通过体育活动进行锻炼，但劳动对肢体运动能力、感知能力的发展的作用是体育活动所不能取代的。体育活动通常能提升肢体的力量和整体协调性，而劳动则对于个体精细动作的发展有着非常好的促进作用。如果劳动这种方式运用得当，人的肢体运动能力、感知能力能发展到令人惊叹的程度。例如通过练习，手表工匠能装配精密度极高的手表，商店售货员可以随手抓出所需重量的糖果。

二、劳动价值与社会的发展

劳动是社会存在和发展的基础。

（一）获取物质资料是人类社会存在和发展的基础

物质资料既包括自然界直接提供的物质财富，又包括经过劳动所得的劳动产品。社会的

正常运行需要全社会各部门与单位的整体协作和参与，而社会存在和发展最为根本的基础就是物质资料。只有有了一定的物质资料，人类才能长足发展。

人们日常的衣食住行和社会的正常运行，都必须有物质资料作为保障。随着社会发展水平的提升，我们所需要的物质资料越来越多，其中包括许多高科技的物质资料。美国人格心理学家马斯洛把人的需求从低到高划分成五个层次，即生理需求、安全需求、情感和归属需求、尊重需求和自我实现需求如图1-4所示。生理需求是对食物、水、空气、健康等的需要。安全需求是对人身安全、生活稳定以及免遭痛苦、威胁或疾病等的需要。情感和归属需求是对友谊、爱情以及隶属关系等的需要。尊重需求是对荣誉、成就、名声、地位和晋升机会等的需要。自我实现需求是对发挥潜能、实现个人价值的需要。尽管每个人有不同层次的需求，但生理需求是基础。无论是生理需求，还是其他各层次需求都需要物质资料作支持。

图1-4 马斯洛需求层次理论

因此，获取物质资料是人类社会的基本活动，是人类经济活动的核心。世界各国均把国内生产总值（Gross Domestic Product，GDP）看作衡量一个国家或地区经济发展水平的重要指标。国内生产总值由农业、工业和服务业三大产业的生产总值构成，而农业、工业所从事的活动均是基础的物质资料生产。随着经济发展水平的提升，人们对服务有了越来越多的要求，生产技术水平的提升也使得人们有越来越多的精力从事服务型工作，服务业的比重在国内生产总值中也越来越大。尽管如此，工农业仍然是基础。农业发展不好，会影响到食物供给，使社会处于不稳定状态；工业发展不好，一个国家的国内生产总值总量很难有大幅度提升，国民生活水平难以提高。

（二）劳动是人们获取物质资料的稳定途径

人们丰富的物质资料是从哪里来的？最直接的方法就是从自然界获取。自然界蕴藏着丰富的资源,动植物可以给我们提供食物;石头、树木、竹子可供我们建造房屋;石油、天然气可以给我们提供热能。尽管这些物质资料都存在于自然界,但要成为可利用的物质资料,通常要通过劳动来实现。

然而,人类社会要存在和发展,不仅要依靠自然界直接提供的物质资料,还需要人类主动征服自然、改造自然。因为这些物质资料是处于不稳定的供给状态的,它们受地理环境、气候的影响很大。早在石器时代,原始人就制作石器,进行采集和狩猎。人类并不满足于最低生活需要的物质资料,而是希望自己的生活变得更加美好。例如希望穿着品质优良的衣服,居住高大、宽敞的房屋,乘坐高速运行的交通工具。这些物质资料是自然界无法直接提供的,需要人类运用智慧并通过劳动去创造。劳动是能够让我们源源不断地获得物质资料的稳定途径。

(三)劳动价值理论是我国社会主义制度的理论基础

在中国共产党的坚强领导下,带领中国人民改造旧中国,推进中国特色社会主义的伟大实践,其思想基础就是马克思的劳动价值理论。

马克思主义从所处时代的特点和社会实际出发,批判地吸取了古典经济学派价值理论的合理成分,创立了资本主义社会的劳动和劳动价值理论,揭示了以私有制为基础的商品经济的基本矛盾,揭示了资本主义剥削的秘密。在当代,要结合新的实际研究,认识劳动和劳动价值论。所以无论我们如何深化对理论的认识,首先要坚持马克思主义劳动价值论。

社会分配方式和分配关系是由所有制性质决定的。改革开放以前,我国实行的是单一的公有制经济,国家和集体是一切生产要素的所有者,所有社会成员都是劳动者而不能成为生产要素的所有者。与此相适应,传统的社会主义分配理论将按劳分配视为社会主义时期个人收入分配的唯一形式。十一届三中全会以来,随着改革的深入,我国所有制结构发生了深刻变化,由单一的公有制经济转向以公有制为主体多种所有制经济共同发展,以私营经济为代表的非公有制经济迅速壮大,成为我国社会主义市场经济的重要组成部分。

中华人民共和国的社会主义经济制度的基础是生产资料的社会主义公有制,即全民所有制和劳动群众集体所有制。社会主义公有制消灭人剥削人的制度,实行各尽所能、按劳分配的原则。国家在社会主义初级阶段,坚持公有制为主体、多种所有制经济共同发展的基本经济制度,坚持按劳分配为主体、多种分配方式并存的分配制度。

随着生产力的发展和科技进步,科学技术日益成为创造和增进财富的决定性动因力量。从事科技工作和经营管理的劳动不但是重要的劳动形式,而且是复杂劳动,是简单劳动的"倍加"。给予创新者和企业家与其贡献相应的报酬,正是承认复杂劳动在创造财富和价值中的功能,也适应了价值规律的要求。

因此树立正确的劳动观念,是我国社会主义制度的根本要求。

案例 1-4：韩利萍的飞天梦

2022 年 7 月 24 日，中国文昌航天发射场，我国目前运载能力最强的长征五号 B 遥三运载火箭冲上云霄，顺利将我国空间站建造阶段首个实验舱——问天实验舱发射至预定轨道，这是我国迄今为止发射的最重载荷。山西航天清华装备有限责任公司倾力打造的"大火箭"活动发射平台，以最强承载能力和最先进的技术再次成功托举新一代长征系列运载火箭飞天。

火箭发射平台关键零部件加工出自一位数控女工之手，她和同事们用精确到毫厘的巧手铸造托举起飞跃九天的国之重器。她就是党的二十大代表、山西航天清华装备有限责任公司二车间数控加工中心操作工韩利萍。

可谁能想到，当年，她高中毕业入职走上铣工岗位，由于从没受过正规训练，如何看懂工件图纸曾是她面临的难题。但是她不曾放弃，白天练操作，晚上学理论，从初次尝试到熟练操作，再到参加各种数控技术培训，数控加工技术的神秘面纱被她一层层揭开。她逐渐成长为精通工艺、编程和操作的复合型高技能人才，成为数控加工领域的行家里手。

韩利萍说："飞天梦是中华民族千年之梦，是伟大复兴之梦。在建设航天强国和制造业强国的征途上，时代赋予产业工人和技能人才以重任，我们一定要心怀梦想、脚踏实地、奋勇拼搏，在奋力奔跑和接续奋斗中成就梦想，再铸荣光。"我国航天事业一步步走向辉煌，大到驾驶飞船，小到零件制造，都离不开各行各业的劳动专家。劳动光荣，创造伟大，他们把社会主义核心价值观体现得淋漓尽致，值得每个人尊重和学习。

（四）通过劳动为社会创造物质资料是我们应尽的责任

社会是由个体组成的，我们每一个人都是社会的一分子。社会要良好地运行、存在和发展，需要每一个人遵守它的规则，为它贡献一份力量。这就要求我们树立公共意识，认识到社会对我们行为的要求，并主动承担自己应尽的责任和义务。物质资料是社会存在和发展的基础，劳动是生产物质资料的手段和方法，因此通过劳动为社会贡献物质资料是我们应尽的责任。这就要求我们至少做到以下三个方面。

第一，完成自己的劳动任务。个体在年幼的时候，受身体力量的限制，没有能力参加劳动，日常生活需要长辈照顾，这正如人衰老以后身体功能衰退，需要年轻人照顾一样。这两个阶段的个体不从事劳动，是为社会所接受的。但是随着年龄的增长，当我们有了一定的力量时，就要主动承担我们力所能及的事。请完成表 1-2 的课堂练习。

表1-2 课堂练习

列举10个现阶段我能独立完成的劳动任务	列举10个未来十年我将能独立完成的劳动任务
1.	1.
2.	2.
3.	3.
4.	4.
5.	5.
6.	6.
7.	7.
8.	8.
9.	9.
10.	10.

第二，积极主动地参与创造社会财富的劳动。随着年龄的增长，体能不断增强，知识积累增多，我们就要积极主动地参加公益劳动，为社会创造价值。当达到了法定工作年龄时，除在校生外都应参加工作，通过职业活动为社会创造财富。现代社会的劳动已经由个体劳动演变成了职业化劳动，从事职业工作就是从事劳动。职业有不同的类别，有的职业对体力要求更多，有的职业对脑力要求更多，有的职业则对人际交往要求更多，但这只是社会分工的不同，从事这些职业工作的劳动都是人类社会所需要的。到了工作年龄的个体，应该积极主动地去寻找职业，争取获得最适合自己的工作，任何逃避劳动的"啃老"现象都是令人不齿的。通过工作，个体为社会付出了劳动，也将获得社会给予的回报。

第三，尊重一切劳动者。劳动者之所以值得尊重，就是因为他们为社会创造了物质资料。劳动没有高低贵贱之分，只要是通过自己双手创造的，实现自我价值的，都是体面劳动。

案例1-5：一个人一四马，一生邮递"走完6次赤道"

有一种不计成本的邮递叫作"中国邮政"，有一种高原信使叫作"马班邮递员"。在今天中国的通信事业飞速发展的背后，你可能不知道有这样一位平凡而伟大的人。

四川省凉山木里藏族自治县邮政局有一名普通的投递员名叫王顺友（见图1-5），他用瘦弱的身躯扛起从木里县往返584公里的乡镇邮件包裹投递任务，托起了大山深处对外界的联系和向往。他把一辈子都奉献在了这584公里上，风雨无阻，无畏艰险。

木里县位于青藏高原东南部，四周都是大山，交通不发达，也没有公路和电话，只能靠马匹驮着邮件与外界往来。王顺友的父亲就是一位"马班邮递员"，根据王顺友讲述：在他小时候，父亲一出门就是半个月，一年很少有时间呆在家里，而且每次回家还可能带着伤，父亲在这个岗位一干就是28年。1984年，19岁的王顺友接过父亲肩上的重担。当他开启了"马班邮递员"的工作后，才发现这条路有多艰辛。他心里谨记着父亲的"三不一准"原则：邮件不丢、不湿、不私拆，准时送达。于是王顺友背上邮包和帐篷，拿上酒和干粮，牵着马，驮着饲料，踏上了这段艰难的征程。

图1-5　马班邮递员——王顺友

王顺友主要负责木里县到白碉乡、三角桠乡、倮波乡、卡拉乡之间的乡村邮递，在这个平凡的岗位上他坚守了32年，独自走在"马班邮路"上。在这鲜有人烟的大山里，他要跨过湍急的雅砻江，爬上海拔4000米的高山雪岭，翻过九十九道拐的悬崖峭壁，穿越原始丛林，还要躲避隐匿的狼群。一路上凶险异常，随时都有落入险境的可能，王顺友一人一马来回一趟需要14天，一个月要走两趟。

1988年7月，王顺友像往常一样来到了雅砻江，把溜索捆在了腰上，准备滑到对岸。开始并无异样，谁知滑到一半绳索突然断裂，王顺友连人带邮包从空中两米高处跌落，人狠狠地摔到了河滩上，而背上的邮包则掉到了江中。急得王顺友立马抓起一根树枝伸向江中打捞，当时水流特别湍急，他差点连自己也栽到江里面，还好树杈勾住了邮包，他猛地一挥手臂，邮包也顺利地被抛回到了岸边。他这才松了一口气，但疼痛立刻袭来，神情变了模样，这才反应过来刚才摔得有多疼，缓了好一阵，又带着伤继续上路。邮递员的收入并不高，还屡次身入险境，究竟是什么让他坚持了这么久的呢？其实只有王顺友自己知道，每次在他想要放弃的时候，他总能想到将邮件送到乡亲们手中时，他们感谢和欣喜的眼神。

2005年王顺友走上了瑞典邮联的讲台，他讲述了在木里县20年"马班邮路"的邮递员经历，讲述了他二十年如一日、克服种种困难，在大山深处为百姓投递邮件的事迹，演讲完毕全场泪目，人们向他表达了敬意和赞美。

从业32年，王顺友在大凉山深处共走了26万公里，相当于走了21次长征、绕行赤道6圈。他创造了世界邮政史上的奇迹，他在平凡岗位上做着不平凡的工作，是值得每个人尊重的劳动者。

第二章

劳动成就与劳动精神

第一节 劳动铸就中国辉煌历史

一、古代发明创造成就

在中华上下五千多年的悠久历史中,劳动实践创造了各个领域的辉煌成就,例如我们耳熟能详的四大发明。古代劳动人民的发明成就为当今很多领域奠定了基础。其实,除了造纸术、印刷术、指南针、火药这四大发明外,古代中国还有很多伟大的科技发明。2013年8月,中国科学院自然科学史研究所发挥学科优势,成立"中国古代重要科技发明创造"研究组,先后组织了百余名专家进行严谨的考证与比较研究。经过近三年研究,遴选出88项中国古代重大科技发明创造,于2016年7月14日正式向社会公布。

中国科学院自然科学史研究所所长张柏春说,我们的祖先最先栽培了世界三大饮料作物之一——茶、最重要的粮食作物之一——水稻、最重要的豆类作物之一——大豆、最重要的水果作物之一——柑橘。古代中国的劳动人民将这些作物的栽培技术传向世界,对人类生存和发展做出了重大的贡献。

我国古代有很多发明创造,其中有88项被列为"古代重大科技发明创造",见表2-1。

表2-1 88项中国古代重大科技发明创造

1. 干支 商代有干支纪日,汉代以后有干支纪年	4. 十进位值制与算筹记数法 不晚于春秋	7. 盈不足术 不晚于战国	10. 四诊法 不晚于公元前3世纪末
2. 阴阳合历 商代后期	5. 小孔成像 公元前4世纪	8. 二十四节气 起源于战国,成熟于西汉初期	11. 马王堆地图 不晚于公元前2世纪
3. 圭表 不晚于春秋	6. 杂种优势利用 不晚于东周	9. 经脉学说 不晚于公元前3世纪末	12. 勾股容圆 不晚于西汉

（续）

13. 线性方程组及解法 不晚于西汉	33. 含酒精饮料的酿造 距今约8000年	53. 提花机 不晚于公元前1世纪	73. 火箭 不晚于12世纪
14. 本草学 东汉初期	34. 髹漆 距今约8000年	54. 指南车 西汉时期	74. 火铳（管形火器） 不晚于公元13世纪
15. 天象记录 汉代已较为系统	35. 粟的栽培 距今不晚于7500~8000年	55. 水碓 不晚于西汉末期	75. 人痘接种术 不晚于公元16世纪
16. 方剂学 汉代	36. 琢玉 距今7000~8000年	56. 新莽铜卡尺 公元9年	76. 曾侯乙编钟 战国早期
17. 制图六体 不晚于公元3世纪	37. 养蚕 距今5000多年	57. 扇车 不晚于公元1世纪	77. 都江堰 公元前256~公元前251年
18. 律管管口校正 公元3世纪	38. 缫丝 距今5000多年	58. 地动仪 公元132年	78. 长城 始建于战国后期， 秦代形成"万里长城"
19. 敦煌星图 公元8世纪初	39. 大豆栽培 距今4000~5000年	59. 翻车（龙骨车） 公元2世纪	79. 灵渠 公元前221年~公元前214年
20. 潮汐表 始见于公元8世纪后半叶	40. 块范法 距今约3800多年前	60. 水排 公元1世纪	80. 秦陵铜车马 秦代
21. 中国珠算 宋代	41. 竹子栽培 距今约3000多年前	61. 瓷器 成熟于东汉时期	81. 安济桥（敞肩式石拱桥） 建成于公元606年
22. 增乘开方法 不晚于11世纪初	42. 茶树栽培 周代	62. 马镫 不晚于公元4世纪初	82. 大运河 隋代大运河于公元7世纪 初贯通；京杭大运河于 公元1293年贯通
23. 垛积术 不晚于11世纪末	43. 柑橘栽培 不晚于东周	63. 雕版印刷术 公元7世纪	
24. 天元术 不晚于13世纪初	44. 以生铁为本的钢铁冶炼技术 春秋早期至汉代	64. 转轴舵 不晚于公元8世纪	83. 布达拉宫 始建于公元7世纪， 重修于17世纪中叶
25. 一次同余方程组解法 不晚于公元1247年	45. 分行栽培（垄作法） 不晚于春秋时期	65. 水密舱壁 不晚于唐代	
26. 法医学体系 公元1247年	46. 青铜弩机 不晚于战国时期	66. 火药 约公元9世纪	84. 苏州园林 四大名园之沧浪亭始建于 公元910年前后
27. 四元术 不晚于公元1303年	47. 叠铸法 战国时期	67. 罗盘（指南针） 不晚于公元10世纪	
28. 十二等程律 公元1584年	48. 多熟种植 战国时期	68. 顿钻（井盐深钻汲制技艺） 不晚于公元11世纪	85. 沧州铁狮 公元953年
29. 《本草纲目》分类体系 公元1578年	49. 针灸 不晚于公元前3世纪末	69. 活字印刷术 公元11世纪中叶	86. 应县木塔 公元1056年
30. 系统的岩溶地貌考察 1613~1639年	50. 造纸术 不晚于公元前2世纪	70. 水运仪象台 建成于1092年	87. 紫禁城 建成于公元1420年
31. 水稻栽培 距今不少于10000年	51. 胸带式系驾法 西汉时期	71. 双作用活塞式风箱 不晚于宋代	
32. 猪的驯化 距今约8500年	52. 温室栽培 不晚于公元前1世纪	72. 大风车 不晚于12世纪	88. 郑和航海 公元1405~公元1433年

二、古代手工业成就

中国古代的手工业历史悠久，在世界保持领先地位。中国古代的制瓷技术、造纸技术和纺织技术精湛、高超，位于世界前列。而中国的丝绸、瓷器也以精装和华贵闻名于世。

（一）陶瓷业的成就

瓷器是中国的伟大发明之一，是由陶器发展而来，大约出现在商代，而真正烧制成功的瓷器出现于东汉时期。从战国至汉代的青瓷器，比商周时期的原始瓷器有了进步，但与魏晋时期的青瓷相比尚有一段距离，故称为"早期青瓷"。

魏晋南北朝时期是中国瓷业发展的重要阶段，不仅烧制技术日渐成熟，创立了制瓷业，还烧制出胎质纯、硬度高、釉料匀、通体晶莹、造型多样、色泽美观的真正青瓷，奠定了中国瓷器的发展基础。

宋代的制瓷技术，达到了一个新的高峰，因为有了精细的分工，配备了火色匠与合药匠，分别掌握火候、配料等事宜，所以宋瓷在胎质、釉料、烧制技术等方面皆创造了新高度，而宋朝也是中国烧瓷技术完全成熟的时代。定窑、汝窑、官窑、哥窑、钧窑五大名窑，所制瓷器各有特色，取得空前成就。

清朝时期中国的瓷器烧造达到了顶峰阶段。无论是釉药的配方，还是火焰温度的控制，都取得了很大的成功。官窑、民窑，频出精品，尤其以康熙、雍正、乾隆三朝的制品为最佳。而在彩瓷方面，康熙时的五彩、雍正时的粉彩及珐琅彩器，迄今仍著称于世。

案例 2-1：中国瓷器

清朝是中国瓷器史上集大成的时期，其中康熙、雍正、乾隆三代为清代瓷器的巅峰时段。元明时期，青花瓷一直占据着瓷器界霸主的宝座，但是在康熙朝时期，创烧出了一种新的瓷器品种，一下子打破了青花瓷垄断的局面，这就是粉彩。

"粉彩"名称的本意就是加了粉的彩，用手触摸图案，会发现器物表面是凹凸不平的，并且有了过渡色，各种颜色都可以从浅色过渡到深色，绘画出来的图案更富有立体感。

图 2-1 所示的瓷器胎体轻薄细致，通体施粉彩，绘花卉纹，整体花色淡雅柔丽，碗外壁有三个"喜"字，画工细腻，线条流畅，纹饰寓意吉祥。虽器形较小，但时代特征明显，实为不可多得的收藏佳品。

图 2-1　清代粉瓷

案例2-2：瓷都——景德镇的过去与未来

陶瓷是中华优秀文化的杰出代表，是世界认识中国、中国走向世界的重要文化符号。回望历史，千年窑火生生不息，而在中国江西的景德镇拥有2000多年的冶陶史，其中有1000多年的官窑史和600多年的御窑史，无数匠人用炉火纯青的技艺烧造出绝世佳品，奠定了景德镇"瓷业高峰在此都"的地位。自北宋时起，景德镇陶瓷开始销往周边国家，一千多年万里瓷路跨越山海，被称为"白色金子"的景德镇陶瓷沿着海上丝绸之路漂洋过海、走向世界，绘就了"工匠八方来、器成天下走"的繁荣景象，更让陶瓷文明赓续千年、延续至今。

进入新时代的景德镇，再次迎来千载难逢的历史机遇。2019年8月，景德镇国家陶瓷文化传承创新试验区上升为国家战略，拉开了千年瓷都迈向国际瓷都的历史大幕，也让景德镇陶瓷文化以前所未有的自信姿态走向未来。如何让中华优秀传统文化"走出去"？景德镇的做法值得我们思考和借鉴。

一是用心传承"瓷源基因"密码，让陶瓷文化"活"起来。遍布全城的遗址、流传千年的技艺，蕴含了景德镇陶瓷文化的神奇密码，赋予了文化自信的底气。锚定御窑申遗这项龙头工程，系统保护十大申遗要素点、160余处老窑址、108条老里弄，新增国家工业遗产4处、全国第三，建成了御窑博物馆，新增博物馆总数23座、万人拥有率全国领先，目前正在积极打造"博物馆之城"。建成了全球首个古陶瓷基因库，数字解析2000万件晚唐至民国时期古瓷片，绘制"基因图谱"，解读"前世今生"，游走"数字云端"。

二是深度讲述"瓷上中国"故事，让陶瓷文化"热"起来。深入挖掘陶瓷的"器以载道"，重"器"更重"道"，从陶瓷对人类生活方式、审美情趣等方面的影响，开展陶瓷的文化性和精神性研究，凝练陶瓷文化精神标识，创作更多"国潮""国风"元素的陶瓷精品，讲好陶瓷"器物之美"和文化"精神之美"，抢占陶瓷文化话语权。同时，千方百计推动陶瓷文化"出圈"。去年，抖音上一位"景漂"陶艺家创作直径3毫米花瓶的视频吸引了上亿人观看，被惊叹为"指尖上的china"。

三是精心打造"瓷行天下"品牌，让文化名片"亮"起来。近年来，景德镇以瓷为媒、以瓷会友，积极参与国家各类的外事文化活动，并借助全球创意城市网络等平台与72个国家180多个城市建立友好联系，国际"朋友圈"越来越大，成功入选2021年全国"对外传播十大优秀案例"、2022"一带一路"建设案例，在文化共情共鸣、传播中国声音方面进行了有益探索，让中国陶瓷走向更加广阔的国际舞台，生动展现中国形象。

（二）造纸业的成就

纸的发明，是中国对人类文化的传播和发展做出的一项重大贡献。早在西汉时期就有了纸，至东汉时，蔡伦在造纸术方面做了重大改进，扩大了造纸原料来源，从而促进了造纸业的发展。

南北朝时期，佛教普遍传播，抄写佛经兴盛，纸张应用推广，造纸作坊和纸张种类大大增加。当时相应扩大了造纸原料，有椴、桑、构、乌竹、荨麻等，既能造出洁白美观的白色纸，又能制造色泽鲜丽的彩色笺。

唐朝时期造纸业进一步发展，以成都的麻纸为优品，是当时的公务专用纸，而产纸的地区分布也相当广泛，有常、杭、越、婺、衢、宣、歙、池、江、信、衡十一州，原料以麻、藤、楮为主。宋朝时期印刷业发达，纸张需求量大增，品种也多样化，有椒纸、桑皮纸、澄心堂纸等。明、清时期造纸业发达，以竹纸和宣纸著称，竹纸盛产于浙、赣、闽交界山区，宣纸产于安徽泾县。

案例 2-3：中国传统造纸工艺

宣纸是中国传统的书画用纸，因产于安徽宣城，故称之为宣纸，迄今已有 1000 余年历史。2002 年安徽宣城泾县被国家确定为宣纸原产地。

由于宣纸有易于保存、柔韧性强、不易褪色等特点，故有"纸寿千年"之誉。宣纸的原材料主要是青檀和稻草等。宣纸按制造工艺分为生宣和熟宣。由于纸张洇墨程度不同，用法也有所区别，书法和写意画用生宣，工笔画用熟宣。宣纸制作工艺如图 2-2 所示。

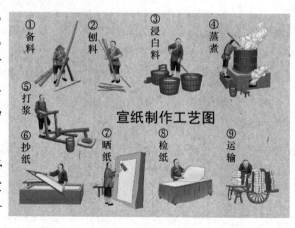

图 2-2　宣纸制作工艺

宣纸是一种具有悠久历史的纸品，同时也是一种特殊的纸张，将宣纸用于创作中国传统的书画具有不可替代的作用。它的特点有以下几点。

1）耐老化，不易变色。这与原材料的纤维及工艺有关系。

2）具有"韧而能润、光而不滑、洁白稠密、纹理纯净、搓折无损"等特点。

3）有独特的渗透、润滑性能。写字则骨神兼备，作画则神采飞扬，成为最能体现中国艺术风格的书画纸。所谓"墨分五色"，即一笔落成，深浅浓淡，纹理可见，墨韵清晰，层次分明。这是书画家利用宣纸的润墨性，控制了水墨比例，运笔疾徐有致而达到的一种艺术效果。

4）少虫蛀，寿命长。宣纸自古有"纸中之王、千年寿纸"的誉称。宣纸除了题诗作画外，还是书写外交照会、保存高级档案和史料的最佳用纸。我国流传至今的大量古籍珍本、名家书画墨迹，大都用宣纸保存，依然如初。

2006年宣纸制作技艺被列入首批国家级非物质文化遗产。2009年9月30日，宣纸传统制作技艺获联合国教科文组织肯定，列入人类非物质文化遗产名录。

（三）纺织业的成就

早在石器时代，我们就有了原始的纺织业，西周时期，丝织技术有了突飞猛进的发展。秦汉时期的纺织业以织造丝绸为主，而"缫丝法"的制定提高了生产效率和质量。魏晋南北朝时期，以水力、畜力、风力代替人力，大大提高生产效率和质量，纺织品的贸易也促进了民族文化的交融。唐宋时期，纺织工具的发明和创新使纺织品的质量和生产效率得到很大提高。纺织品由丝绸之路流传到世界各地，为中外文化交流做出贡献。明清时期，纺织产业规模化、集约化，纺织品种多样化、精细化，并出口到世界各地。

丝绸是古代中国沿商路输出的代表性商品，由此而来的丝绸之路也成为古代亚欧互通有无的商贸大道，是促进亚欧各国和中国的友好往来、沟通东西方文化的友谊之路。它有效地促进了社会经济的发展，为人类文明史做出了不可磨灭的贡献，对古今历史的文化价值产生了深远的影响。

案例2-4：丝路上的东西方交流

1. 商品交流

正如"丝绸之路"的名称，在这条逾7000公里的长路上，丝绸与同样原产自中国的瓷器一样，成为东方文明的象征。各国贵族曾一度以身穿中国丝绸，使用中国瓷器为荣耀的象征。

由丝绸之路传入的葡萄、核桃、胡萝卜、大蒜、胡豆、香菜（又称为芫荽）、黄瓜（汉时称胡瓜）、石榴等为我们的日常饮食增添了更多的选择，而西域的葡萄酒经过历史的发展也融入中国的传统酒文化当中。

2. 文化交流

丝绸之路上的文化交流在中国的历史上留下了浓墨重彩的一笔。河西走廊上成群的牛羊，随风响起的驼铃声，绵长而悦耳的音乐声，华丽而细腻的服饰，给世界带来了一次美妙的邂逅。

在古中国被称为"筚篥"的乐器，是丝绸之路中最具代表性的吹管乐器。这种双簧管乐器起源于古代波斯，经丝绸之路传入中国，至今仍存在于京津冀地区民间音乐当中，今天冀中笙管乐的主要乐器之一管子，亦即筚篥。中外音乐文化经过长期交流、融合，达到了水乳交融的程度，它是以中原音乐为根基，渗入本土音乐，吸收西域音乐的硕果，经过历代的传承改进后飞入寻常百姓家。

三、古代文明成就

华夏儿女用自己的双手创造了无数智慧结晶,更是书写了古代文明。

(一)古代农业

中国古代农业十分发达,中国传统文明正是在古代农业的基础上发展到今天的。中国文明从未中断,与发达的古代农业密不可分。古代农业开创了发展方向,利用工具和牲口也是中国农业文明的发明。

原始农业是由采集经济向种植经济发展而来的。最早在黄河流域和长江流域形成规模,南稻北粟,种植业为主,家畜饲养业为辅。另外,值得一提的是,在对生产工具的改进和对水利设施的完善方面也有着显著的成就,见表2-2。

表2-2 古代农业成就

生产工具	水利设施
原始社会:石器为主	西周时期:人工灌溉陂池
商周时期:农具仍以石器为主,出现青铜制农具	春秋战国:芍陂、都江堰、郑国渠
春秋战国:出现铁制农具和中耕的组合	汉魏时期:漕渠、白渠、坎儿井
汉魏时期:铁犁、牛耕的广泛使用	隋唐时期:开通大运河
唐朝时期:曲辕犁(自汉代之后农具改革的又一次突破,标志着中国传统耕犁的基本定型)	元朝时期:会通河、通惠河

案例2-5:西域坎儿井

坎儿井,早在《史记》中便有记载,时称"井渠",如图2-3所示。坎儿井是荒漠地区一种特殊灌溉系统,普遍存在于中国新疆吐鲁番地区。坎儿井与万里长城、京杭大运河并称为中国古代杰出三大工程。

吐鲁番是中国极端干旱地区之一,平均年降水量只有16毫米,而蒸发量可达到3000毫米,可称得上是中国的"干极"。但坎儿井是在地下暗渠输水,不受季节、风沙影响,蒸发量小,流量稳定,可以常年自流灌溉,当地老百姓终年可以在此取水。吐鲁番的坎儿井总数达1100多条,全长约5000公里。吐鲁番现存的坎儿井,多为清代以来陆续修建。如今,仍浇灌着大片绿洲良田。

图2-3 西域坎儿井

坎儿井是中华文明的产物,更是古代劳动人民利用地域特点改善农业发展的智慧结晶。

（二）古代文学

在中华上下五千年的历史文明中，文学无疑是其中最璀璨的一部分。如果将中华文化比作一副古色古香的水墨画，文学经典无疑是其中最浓墨重彩的一笔。中国古代文学是中华文明的重要组成部分，它的历史悠久，其起源约同中华文明的起源同步。漫长的历史上曾经产生出一代又一代的杰出作家和数不清的优秀作品，出现了多姿多彩的体裁、题材、风格、流派，形成了各种各样的文学现象、文学潮流和文学理论，内容极其丰富。这是一笔无比宝贵的文化遗产。在世界民族文学之林，我国古代文学以自己无比辉煌的成就和无比鲜明的独特风貌，占有重要的地位。

中国古代文学史是中华文明的瑰宝。中国千年不断的文化传承滋养着中国传统文学的繁荣发展，形成了悠久灿烂的、百家争鸣的中国古代文学气象。古代文学样式汇总见表2-3。

表2-3　古代文学样式汇总

时期	文学样式
上古时期	神话传说
先秦时期	散文（历史散文、诸子散文）
两汉时期	辞赋、乐府民歌、历史散文
魏晋南北朝时期	诗歌等
唐朝时期	诗
宋朝时期	词
元朝时期	曲
明清时期	小说

（三）古代建筑

建筑是人类文明古老的记忆。中国古建筑源远流长，从穴居野外到亭台楼阁，无不彰显着古代劳动人民的智慧。建筑的初衷是使人得以遮蔽风雨。伴随着人类社会的发展，更多地考虑建筑的功能属性。

从最初的原始社会开始，经过历史的沉淀，每个阶段的建筑都有独特的美。

在原始社会漫长的岁月里，我们的祖先就知道利用天然的洞穴作为栖身之所，用来遮风挡雨和躲避猛兽的袭击。从巢居到逐步掌握营建房屋的技术，创造出了原始建筑（见图2-4），用来满足人们最基本的居住和公共活动需求。

图2-4　原始社会时期的栖身之所

商朝作为我国奴隶社会的大发展时期，青铜器的制作工艺已经达到了相当成熟的水平，产生了大量的青铜生产工具，使得建筑技术水平有了明显地提升。商朝时期的建筑已经出现了宫城、内城、外城的格局，既有大型宫殿建筑，又配备了军事防御设施。秦朝的统一，建立了我国历史上第一个中央集权的封建国家，商业、手工业高速发展，城市日渐繁荣，规模也日益扩大，出现了一个城市建设的高潮，图2-5所示为秦阿房宫。

图2-5　秦阿房宫

我国的古代建筑经历了多个历史时期的发展和蜕变，彰显了华夏儿女的劳动智慧。

案例2-6：赵州桥

赵州桥（见图2-6）建于隋朝，由李春设计建造，距今已有1400多年，它是当今世界上现存跨度最大、保存最完整的古代单孔坦弧敞肩石拱桥，它凝聚了古代劳动人民的智慧与结晶，开创了中国桥梁建造的崭新局面。在大约700年后，欧洲才建成类似的石拱桥。赵州桥是中国第一石拱桥，在漫长的岁月中，虽然经过无数次洪水冲击、冰雪风霜的侵蚀和地震的考验，却安然无恙，巍然挺立在洨河之上。

图2-6　赵州桥

> **案例2-7：故宫——世界最大的宫殿**
>
> 故宫又名紫禁城（见图2-7），位于北京中轴线的中心。北京故宫内的建筑分为外朝和内廷两部分。外朝的中心为太和殿、中和殿、保和殿，统称为三大殿，是国家举行重大典礼的地方。三大殿左右两翼辅以文华殿、武英殿两组建筑。内廷的中心是乾清宫、交泰殿、坤宁宫，统称后三宫，是皇帝和皇后居住的正宫，其后为御花园。后三宫两侧排列着东、西六宫，是后妃们居住休息的地方。紫禁城有四座城门，南面为午门，北面为神武门，东面为东华门，西面为西华门。城墙的四角，各有一座风姿绰约的角楼，其造型独特，民间至今还有关于它的"九梁十八柱七十二条脊"之说。北京故宫是世界上现存规模最大、保存最为完整的木质结构古建筑之一。
>
>
>
> 图2-7 故宫

第二节 新中国的劳动成就与劳动精神

一、社会主义革命和建设时期

社会主义革命和建设时期是中国共产党团结带领人民建立新中国、巩固新中国、建设新中国的重要时期。在党的领导下，我国完成了社会主义改造，建立了社会主义制度。这一时期，党在领导人民艰辛探索社会主义建设道路实践中所取得的劳动成就和所凝结的劳动精神，为在新的历史时期开创中国特色社会主义事业提供了宝贵经验和物质基础。

中华人民共和国成立后，中华大地百废待兴、百业待举。站起来的中国人民再次吹响劳动号角，人们的劳动热情汇聚成无穷的力量，给新中国带来了生机与活力。我国工人阶级和广大劳动群众以国家主人翁的姿态投入到社会主义建设中，涌现出许多勇于吃苦、甘于奉献的典型人物，成为全国劳动人民学习的典范。

案例 2-8：大庆精神

为了早日甩掉"贫油国"帽子，以王进喜（见图 2-8）为代表的大庆石油工人，以"宁肯少活 20 年，拼命也要拿下大油田"的豪情，以"有条件要上，没有条件创造条件也要上"的决心和毅力，仅用短短三年多时间，建成了我国最大的石油基地——大庆油田。1959 年 9 月，大庆油田第一口油井喷射出石油，铸就了爱国、创业、求实、奉献的大庆精神。

图 2-8 "铁人"王进喜

案例 2-9："两弹一星"精神

钱学森、钱三强、邓稼先等一大批科学家，"干惊天动地事，做隐姓埋名人"。他们在当时苏联撤走专家、带走图纸，无现成技术可借鉴、无现成设备可运用的条件下，勇于攀登，勇于创新，克服种种困难，硬是成功制造出"两弹一星"。"两弹一星"精神永久镌刻在中国大地上，成为全国各族人民宝贵的精神财富和不竭的动力源泉。

案例 2-10：北大荒精神

1958 年，为响应党中央、中央军委号召，先后有复转军人、内地支边青年、城市知识青年近百万人，一起进军北大荒。大家不怕艰苦、流血流汗，在荒凉的原野上书写出青春的劳动史诗，靠着顽强的劳动精神硬是把不起眼的茫茫荒原变成了令人向往的壮美粮田。

案例 2-11：红旗渠精神

在河南林州市博物馆，收藏着一件国家二级文物——红旗渠劳模任羊成用的除险铁钩。钩面撞击险石时留下的痕迹，镌刻着一段不朽传奇。

20 世纪 60 年代初，中国遭遇连续 3 年的自然灾害。当时农业生产力水平低下，抗灾能力严重不足，面对如此大面积的严重干旱，河南林州人民在极其艰苦的条件下，一炮炮炸、一钎钎凿，硬生生在太行绝壁上"抠"出一条千里长渠——红旗渠（见图 2-9）。用了近 10 年时间，削平 1250 座山头，开凿 211 个隧洞，让长达 1500 多公里的人工天河，穿梭于崇山峻岭之间，林县人民将"顽强奋斗、自强不息"的精神之旗插在了太行山巅。

图 2-9　红旗渠

案例 2-12：塞罕坝精神

从 20 世纪 60 年代开始，在处于高寒、高海拔、大风、沙化、少雨五种极端环境中的塞罕坝上，经两代人近 50 年的奋力拼搏、辛勤耕耘，在荒原上播下了 100 多万亩人工林，攻克了荒漠沙地治理的技术难关，森林覆盖率由建场初期的 11.4% 提高至当前的 82%，林场林木总蓄积达 1036 万立方米，每年涵养水源 2.74 亿立方米、固碳 81.41 万吨，创造了荒原变林海的人间奇迹，铸就了"勤俭建场、艰苦创业、科学求实、无私奉献"的塞罕坝精神。

案例 2-13：义乌人的劳动

劳动创造财富、缔造幸福，成就伟大的中国梦。二十世纪六七十年代，义乌人挑着货郎担，摇着拨浪鼓走街串巷，用糖等物品换取居民家中鸡毛，赚取微薄的利润，就这样靠着一点一滴的积累慢慢攒下了家业（见图 2-10）。如今，义乌早已从一穷二白的小县城成长为闻名于世的小商品交易中心。义乌人凭借亦工亦农亦商的勤奋与执着，支撑起了一个大市场，也撑起了令世人感动的中国梦。他们都是普通老百姓，但他们依靠自己勤劳的双手积累着财富，创造着美好幸福的生活。

图 2-10　鸡毛换糖开启义乌商业萌芽

习近平总书记指出:"历史是人民创造的,中国的发展成就是中国人民用自己的双手创造的,是一代又一代中国人顽强拼搏、接力奋斗创造的。"回顾新中国成立后的头 30 年,全体劳动人民不怕艰难困苦,英勇顽强地战胜各种困难,才换来了社会主义建设的初步成就。艰苦奋斗,是劳动精神的核心,是中国共产党带领广大劳动人民长期坚守的一种生活准则、工作作风、精神状态和价值方向。在那个激情燃烧的岁月,在党的带领下,全国人民保持了良好精神状态,全社会形成了良好社会风气,进而转化为推进社会主义革命和建设的强大力量。不论是大庆工人王进喜的铁人精神,还是人造天河红旗渠的事迹,都是当时全国人民奋发图强的一个缩影。

二、改革开放和社会主义现代化建设新时期

十一届三中全会以来,党团结带领各族人民解放思想、实事求是,大胆地试、勇敢地改,创造出改革开放和社会主义现代化建设的伟大成就。30 多年来在中华大地上形成了一系列宝贵精神,诸如改革开放精神、特区精神、载人航天精神、青藏铁路精神、科学家精神、企业家精神等。尽管具体内容不相同,但贯穿始终、永远不变的是劳动精神的底色。

1978 年,安徽凤阳小岗村 18 位村民冒死实行的"包产到户"所点燃的星星之火改变了整个中国农村,家庭联产承包责任制的诞生,极大地激发了农村劳动人民的劳动积极性和创造性,改变了农民吃不饱穿不暖的困局。改革开放初期,中国有近 8 亿农民,必须创造性地将这 8 亿农民的劳动积极性激发出来,为社会主义建设和改革添砖加瓦,由此引发了轰轰烈烈的农民工浪潮。改革开放以来,农村劳动得以进城务工,劳动力得到空前解放,近 3 亿农村劳动者进城从事各行各业的工作,与此同时,城市也大力推进搞活经济的举措,多种所有制经济共同发展。大量的国有企业和集体企业转制,使得原先体制内的劳动力大量释放出来,这些被释放出来的"体制内"劳动力和农村劳动力一样,都是靠艰苦奋斗的劳动精神

来获得幸福生活的。虽然改革开放带来了许多新的文化元素，但广大劳动人民艰苦奋斗的劳动精神没有改变，正是这种劳动精神最终带来了实实在在的进步和发展。

案例 2-14：经济快速发展

改革开放三十年，中国经济体制改革成效显著，逐步建立了社会主义市场经济体制，在此体制下，中国经济飞速增长，远高于同期世界经济的平均增长速度，国内生产总值由1978年的600亿元人民币上升到2011年的48.794万亿元人民币，成为世界第四大经济体；2008年我国的经济总量已超过了德国跃居世界第三位；2009年受国际金融危机的影响，但中国的GDP仍保持了8%以上的增长速度，并赶超日本，成为全球第二大经济体；中国的人均GDP也由1978年381元上升到2011年35939.05元，与此同时，中国现已成为世界第一外汇储备大国，人民生活总体上实现了由温饱到小康。奥运场馆建设，国家大剧院落成，2008年奥运会的成功举办，2010年的世博会的精彩呈现，都显示了中国实力的不断增强。在改革开放的推动下和广大劳动人民的辛勤工作下，中国的经济实力、综合国力显著增强，中国发展模式也越来越有吸引力。

案例 2-15：科技取得重大突破

1981年到2007年，我国累计取得省部级以上重大科技成果74.6万项；累计颁发国家自然科学奖842项，国家技术发明奖2962项，国家科学技术进步奖10099项；吴文俊、袁隆平、王选、黄昆、金怡濂、刘东生、王永志、吴孟超、叶笃正、李振声、闵恩泽、吴征镒等十二位科学家获得国家最高科学技术奖；一批重大科技成果和做出突出贡献的科技工作者获得了国家奖励。

案例 2-16：公共服务设施得到完善

新中国成立之初，我国公共文化服务设施极其薄弱，1949年全国各类图书馆只有55个，文化馆（含群艺馆）896个，博物馆21个。经过60年的建设，特别是改革开放30年来的迅速发展，截至2008年底，全国共有公共图书馆2820个、文化馆（含群艺馆）3218个、博物馆1893个，分别是1949年的51.28倍、3.59倍和90.14倍。到"十五"末期，已基本实现了县县有图书馆、文化馆的目标。乡镇文化站、村文化室从无到有，2008年底乡镇文化站达到4107个，村（社区）文化室247332个，初步形成了覆盖城乡的公共文化服务网络。

案例 2-17：航天精神

1979年远程火箭发射试验成功，2003年"神五"升天，首次载人航天飞行成功，2005年神舟六号载人航天卫星顺利返回，中国航天人在摸索中让祖国一跃成为航天科技强国，2008年，我国首颗探月卫星"嫦娥一号"发射升空，炎黄子孙的千年奔月梦成为现实。

案例 2-18：世界上海拔最高的铁路

青藏铁路是重要的进藏路线，被誉为"天路"，是世界上海拔最高、在冻土上路程最长的高原铁路，是中国新世纪四大工程之一。青藏铁路曾经一度被外国专家称为不可能完成的工程。青藏铁路在修建时面对着无数的困难，无数的阻挡（碍），但这些困难最终都被修建团队一一克服了（见图2-11）。青藏铁路全长1956千米，是当今世界上最长的铁路，同时也是世界上海拔最高的铁路。修建团队战胜了世界难题——冻土，克服了高原缺氧等困难，青藏铁路终于在2006年正式通车。

图2-11 青藏铁路施工人员齐心协力完成铁路修建

三、中国特色社会主义新时代

人民创造历史，劳动成就梦想。党的十八大以来，习近平总书记站在实现中华民族伟大复兴中国梦的全局高度，对大力弘扬劳模精神、劳动精神、工匠精神做出一系列重要论述，强调劳模精神、劳动精神、工匠精神是鼓舞全党全国各族人民风雨无阻、勇敢前进的强大精神动力。中国特色社会主义进入新时代，我国工人阶级和广大劳动群众拼搏奋斗、争创一流、勇攀高峰，为决胜全面建成小康社会、决战脱贫攻坚发挥了主力军作用，谱写了"中国梦·劳动美"的新篇章。

案例 2-19：中国高铁"复兴号"

随着中国高铁"复兴号"的成功运营，中国高铁已经成为世界一道亮丽的风景（见图 2-12）。"复兴号"是具有完全自主知识产权的世界先进水平动车列车组，运行时速高达 350 公里。突破的背后是"复兴号"团队挑战极限的永不放弃，是追求梦想的自强自立。大漠风沙，高寒高热，地震模拟，中国高速动车组经受住了一个个险难环境的考验，也凸显了铁路人"挑战极限、勇创一流"的精神。从确定近百项统型方案的 60 多次协调会，到一年间为制定总体技术条件的近百次专家论证会；从面临国外的关键技术封锁到 254 项重要标准（中国标准占到 84%），整体设计和关键技术全部自主研发；从大西高速综合试验 710 天、60 万公里的样车运用考核试验，到上百个技术细节的进一步完善……不管中间有多少争论、多少困难，目标一旦定下，就会全身心地投入，团结合作，坚定不移地努力下去，直至目标的实现——这是铁路人团结奉献的奋斗情怀。

图 2-12　复兴号动车组列车

案例 2-20：中国天眼 FAST

位于贵州省黔南布依族苗族自治州境内的"中国天眼"——500 米口径球面射电望远镜（Five-hundred-meter Aperture Spherical radio Telescope），简称 FAST（见图 2-13）。2017 年 10 月 10 日，中科院国家天文台发布了我国 500 米口径球面射电望远镜（FAST）取得的首批成果。FAST 望远镜探测到数十个优质脉冲星候选体，其中 6 颗通过国际认证。FAST 工程首席科学家兼总工程师南仁东，率先提出在中国建设新一代射电"大望远镜"，并在十多年间，走遍贵州许多窝凼，选出理想台址，又用近十年时间跑遍工程现场的每个角落，罹患癌症仍坚守岗位。历时 22 年，南仁东带领团队最终建成了世界最大单口径、最灵敏的射电望远镜"中国天眼"，把一个朴素的想法变成了国之重器，成就了中国在世界上独一无二的项目。南仁东的同事和学生们说,"南老师这20多年只做了这一件事"。在这8000多个殚精竭虑的日子里,南仁东带领老中青三代科技工作者克服了不可想象的困难,实现了由跟踪模仿到集成创新的跨越。他带领的团队成员也立志要继承和发扬他的奋斗精神:"只要勇于拼搏,创新无止境,梦想总会变成现实。"

图2-13 贵州天眼

案例2-21:中国航天进入空间站时代

2021年4月29日,中国空间站"天和"核心舱发射任务取得圆满成功,中国开启空间站任务的新时代。2022年,在逐梦苍穹的征程中,中国航天不断标注新高度、创造新成绩。天舟五号发射并成功对接空间站,首次实现了两小时自主快速交会对接,创造了世界纪录。神十四和神十五两个航天员乘组首次在空间站进行在轨轮换,6名航天员首次在中国的"太空家园"留下太空合影(见图2-14)。

图2-14 太空合影

> **案例 2-22：中国航母迈入新征程**
>
> 　　从 1865 年的江南造船厂，到现在的中国航母建造，中国人一直在追求自身的强大。在此过程中，中国经历了无数的艰难和挫折，但依旧勇往直前，在航空母舰建设上的竞争中，逐渐与美国等其他国家拉近了距离。2012 年 9 月 25 日，001 型航母正式交付中国海军，中国人民解放军海军辽宁舰出海担当起保障国家安全的重任，这是中国航母事业的重要突破，为中国建立现代化海军翻开了新的一页。2019 年 12 月 17 日，山东舰入列，成为中国第二艘航母。它的加入，让解放军航母编队更加完善，同时也意味着我国的海军舰队实力更加强大了。2022 年 6 月 17 日，中国第三艘航母福建舰下水命名，正式开启中国航母事业的新篇章。这艘舷号为 18 的大型核动力航母，以其前所未有的力量，在中国海军强大的航母编队中，绽放出耀眼的光芒。10 年来，人民海军实现了航母从无到有、从改装到国产、从滑跃到弹射的升级跨越，创造了令人瞩目的"中国速度"，新时代的人民海军迈入"三航母时代"（见图 2-15）。
>
>
>
> 图 2-15　三航母时代

第三节　传承劳模精神、劳动精神、工匠精神

一、"三种精神"的提出

　　2014 年 4 月 30 日，习近平总书记在乌鲁木齐接见劳动模范和先进工作者、先进人物代表时，提出要弘扬劳动精神。2020 年 11 月，习近平总书记在全国劳动模范和先进工作者表彰大会上讲道："在长期实践中，我们培育形成了爱岗敬业、争创一流、艰苦奋斗、勇于创新、淡泊名利、甘于奉献的劳模精神，崇尚劳动、热爱劳动、辛勤劳动、诚实劳动的劳动精

神,执着专注、精益求精、一丝不苟、追求卓越的工匠精神。劳模精神、劳动精神、工匠精神是以爱国主义为核心的民族精神和以改革创新为核心的时代精神的生动体现,是鼓舞全党全国各族人民风雨无阻、勇敢前进的强大精神动力。"

党带领广大人民群众的劳动创造史,是劳模精神、劳动精神、工匠精神的形成发展史。劳模精神、劳动精神、工匠精神孕育于革命战争年代,形成于社会主义革命和建设时期,发展于改革开放时期,光大于新时代。劳模精神、劳动精神、工匠精神与我们共产党人的精神谱系中一座座"精神标杆"一起,为立党兴党强党提供了丰厚滋养,拓印出党从孕育诞生到发展成熟的辉煌历程。具体中国劳模表彰制度形成与发展的历史脉络见表2-4。

表2-4 中国劳模表彰制度形成与发展的历史脉络

时期	时间	事件
萌芽:首次使用"劳动模范"一词	1933年	春耕生产运动大会(武阳劳模表彰大会)在瑞金武阳区召开
雏形:评选奖励劳模办法制度化	1939年4月1日	公布《陕甘宁边区人民生产奖励条例》,首次规范了评选劳模的条件和办法
	1943年11月26日	陕甘宁边区第一届劳动英雄与模范生产工作者代表大会正式召开。出席此次大会的劳动英雄共185人,是全边区500多位劳动英雄模范们的代表
	1944年12月22日至1945年1月14日	第二届劳动英雄与模范工作者代表大会召开
发展:劳模表彰制度进一步规范化	1950年9月25日至10月2日	全国工农兵劳动模范代表会议在北京中南海召开,会议正式确定了"劳动模范"这个称谓,决定"要把评选劳模形成固定的制度"
	1949年到1979年的30年时间里,党中央和国务院共召开全国劳模表彰大会9次,共表彰劳模1.3万余人	
确立:劳模表彰制度初步定型	1978年12月召开的党的十一届三中全会,开启了改革开放的新征程,一度陷入停滞期的全国劳模奖励制度也开始逐渐恢复	
	1977年至1979年,先后召开了5次全国劳模表彰大会。从1989年开始,全国劳动模范和先进工作者表彰大会常态化、制度化,每5年召开一次表彰大会,先后召开了7次全国性表彰大会。全国五一劳动奖章是从1985年开始,除开展全国劳模表彰的年份外,全国总工会每年召开一次大会进行表彰	
成熟:劳模表彰制度臻于完善	2015年4月28日,全国劳动模范和先进工作者表彰大会在北京人民大会堂举行,2968名全国劳动模范和全国先进工作者接受表彰	

二、"三种精神"的内涵与外延

劳模精神的内涵是"爱岗敬业、争创一流、艰苦奋斗、勇于创新、淡泊名利、甘于奉献"。"爱岗敬业、争创一流"指的是劳模对待岗位、对待职业的一种态度,体现了劳模对国家、社会、职业的高度责任感、使命感和舍我其谁的主人翁精神;"艰苦奋斗、勇于创新"指的是劳模的作风,体现了广大劳模吃苦耐劳、坚忍不拔的作风和强烈的开拓意识;"淡泊名利、甘于奉献"指的是劳模的思想道德品质,反映了劳模为党和国家事业而奋斗的价值观。劳模精神的三个方面是相互联系的统一整体。

> **案例 2-23:帕米尔高原上的"白衣圣人"吴登云**
>
> 吴登云,出生于 1940 年,江苏省高邮市郭集镇柳坝村人,百位新中国感动中国人物、新疆乌恰县政协原副主席、县人民医院原院长,中共十六大、十七大、十八大代表,曾荣获全国五一劳动奖章和白求恩奖章。1963 年,吴登云从江苏扬州医学专科学校毕业,自愿到我国最西端的新疆克孜勒苏柯尔克孜自治州乌恰县工作,工作了 40 年,退休了还舍不得走。他每年都要花三四个月的时间,翻山越岭、风餐露宿,深入到牧区巡诊和防疫(见图 2-16),足迹踏遍了全县 9 个乡的 30 多个自然村,给草原人民带去了生命的阳光,受到当地各族干部群众的衷心爱戴,被誉为"白衣圣人""马背医生"。他还精心培养少数民族医务骨干,一大批柯尔克孜族医生迅速成长起来,他用行动书写了一个好医生为民爱民的美丽人生。

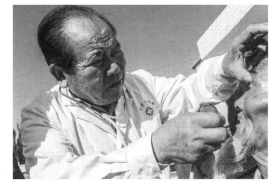

图 2-16 "白衣圣人"吴登云在巡诊

劳动精神的内涵是"崇尚劳动、热爱劳动、辛勤劳动、诚实劳动"。"崇尚劳动"是树立正确的劳动价值观,充分认识到"劳动最光荣、劳动最伟大、劳动最崇高、劳动最美丽"。"热爱劳动"是培养正确的劳动态度,促进劳动者自觉劳动、积极劳动、主动劳动。"辛勤劳动"是对劳动过程及其强度的充分肯定,表明要充分遵循劳动的客观规律以及要达到的劳动强度,体力劳动要付出辛劳和汗水,脑力劳动也要付出智慧和心血。"诚实劳动"是对劳动者品德的客观规定,表明劳动要踏踏实实、求真务实、真抓实干、实事求是。

工匠精神的内涵是"执着专注、精益求精、一丝不苟、追求卓越"。"执着专注"是精神状态,是时间上的坚持、精神上的聚焦;"精益求精"是品质追求,是质量上的完美、技术上的极致;"一丝不苟"是自我要求,是细节上的坚守、态度上的严谨;"追求卓越"是理想信念，是理想上的远大、信念上的高远。工匠精神既体现了敬业之美的精神原色，又表现了创造之美的品质追求，更展现了追求之美的价值升华。

> **案例2-24：铁路小巨人巨晓林**
>
> 巨晓林，生于1962年，陕西岐山人，中国中铁电气化局一公司高铁分公司技术员、工匠技师，全国创先争优优秀共产党员，全国劳动模范，全国五一劳动奖章获得者，北京市劳动模范，中华技能大奖获得者。高中学历的巨晓林刚到工地，看着铁路电气化专业技术知识的图纸犹如"天书"，心里直发怵。他暗下决心要在这个行业闯出名堂，上班跟着师傅学，下班追着师傅问，记下70多本、130多万字的笔记。经过30多年锲而不舍的努力，他累计创新施工方法，给公司创造巨大经济效益。巨晓林还写出了10万字的《接触网施工经验和方法》一书，填补了我国铁路接触网施工技能培训教材的空白，成为铁路施工一线技术工人的学习"宝典"。

从三种精神产生的主体来看，他们分别来自劳模群体、劳动者群体、工匠群体。从三种精神的外延来看，三者涵盖了劳动精神的不同发展侧面。从三个精神的价值导向来看，劳模精神具有先进性、示范性、引领性；工匠精神具有专业性、技术性、严谨性；劳动精神则具有普遍性、广泛性、基础性。

劳模精神和工匠精神，是不同岗位的不同群体对劳动精神的诠释。劳模精神、劳动精神、工匠精神的具体内涵虽各有侧重，人格化载体倾向也各有所指，但劳动精神与劳模精神、工匠精神相互包容、相互依存。劳动精神是劳模精神、工匠精神的根基，劳模精神和工匠精神是劳动精神向更高水平的发展、在更高层次的升华。劳动精神是对全体劳动者在劳动情感、态度、价值观上的总体要求，"劳模"和"工匠"群体之间具有高度相关性，两个群体作为践行劳动精神的楷模榜样，凝结出的劳模精神与工匠精神彰显了劳动光荣的社会风尚和精益求精的敬业风气。故此，劳模精神、劳动精神、工匠精神整体上皆是中国劳动者精神面貌的代表，是马克思主义劳动观的中国化表征，是中国特色社会主义先进文化的重要内容，是社会主义劳动行为的价值升华，皆具有全民覆盖性与全面普及性。

三、"三种精神"的传承

劳模精神、劳动精神、工匠精神三种精神是我国人民在长期的劳动实践中培育形成的优良精神，是爱国主义、奋斗精神、创新精神的生动体现。"三种精神"丰富了时代精神的内涵，是中华民族宝贵的精神财富，是文化自信的具体表现形式。

劳模（工匠、劳动者）为国家、为时代做出了不可磨灭的贡献，学习"三种精神"必然要学习国家的发展史、党带领人民的奋斗史，这些都是密不可分的，"三种精神"并不是独立于国家、民族而产生，而是在国家、民族的发展前进中，逐步形成的。学习"三种精神"必然能够体会国家是如何从贫瘠一步步走向富强，从饱受欺凌一步步走向独立。"三种精神"的发展史伴随着共和国的发展史，各种典型人物的事迹更是能够激励学生在未来的岗位上为国家、为民族做出新的贡献。

劳动是人类社会的基础性活动，促进了人类文明和社会进步。劳动为人类提供了生存必需的物质生活资料。"劳动创造美好生活"，劳动没有高低贵贱之分，作为新时代接班人一定要崇尚劳动，不能有"不劳而获""享乐主义"的思想。热爱劳动，从自身做起，在校园生活中、在日常生活中，从点点滴滴做起，从宿舍内务、卫生劳动做起，培养自己的优秀个人素养。在劳动中，锤炼自己的坚韧品格，锻炼自己的坚强意志。一个人只有拥有了正确的劳动观念，才能勇攀人生高峰。

新形势下，秉承正确的劳动精神，是对一个合格的社会主义劳动者的基本要求。树立规则意识，遵守各项劳动纪律，能与他人合作是大学生劳动精神培养的重要体现。在劳动中追求工匠精神，将使大学生成为一个优秀的社会主义建设者，当代大学生要使用好校内外资源，积极参加各级技能竞赛，自觉践行工匠精神，努力实现技能成才。同时，当代大学生需向劳模学习，以劳模为榜样，把劳模精神、劳动精神、工匠精神作为自己勇往直前的精神力量，树立辛勤劳动、诚实劳动和创造性劳动的理念。

第三章

新时代大学生的劳动价值观

第一节 树立正确的劳动价值观

劳动观是人们对劳动的基本看法和基本态度,是劳动者在劳动过程和择业过程中的生动体现,决定了人们对劳动的价值判断和价值选择。

切实加强劳动教育,努力把广大青少年培养成勤于劳动、善于劳动、热爱劳动的高素质劳动者,是新时代党和国家对教育的根本要求。

党中央号召我们,要全面建成小康社会,进而建成富强民主文明和谐的社会主义现代化国家,实现中华民族伟大复兴,必须依靠知识,必须依靠劳动,必须依靠广大青年。这是我们国家和民族发展的力量所在,也是我们事业成功的力量所在。"青年强则国家强,青年一代有理想、有本领、有担当,国家就有前途,民族就有希望",这集中体现为"劳动四最"的新时代劳动价值观,构成了新时代青少年劳动素养培养的核心内涵。

要在全社会大力弘扬我国工人阶级的优秀品质,大力宣传劳动模范和其他典型的先进事迹,加强对广大青少年的教育,让劳动最光荣、劳动最崇高、劳动最伟大、劳动最美丽的观念蔚然成风,让全体人民进一步焕发劳动热情、释放创造潜能,通过劳动创造更加美好的生活,这也是党中央向全社会发出的尊敬劳动模范、弘扬劳模精神的伟大号召。

而要在学生中弘扬劳动精神,教育引导学生崇尚劳动、尊重劳动,懂得劳动最光荣、劳动最崇高、劳动最伟大、劳动最美丽的道理,长大后能够辛勤劳动、诚实劳动、创造性劳动,这更是党中央对广大青少年的谆谆寄语。

劳动"四最"是相互联系、有机统一的整体,昭示了新时代劳动精神的价值指向。它既激励了新时代劳动者积极投身劳动,以劳动共筑更好新时代,又具有不同的价值意蕴,即劳动奉献最光荣、劳动人民最崇高、劳动实践最伟大、劳动创造最美丽。

一、劳动奉献最光荣

"劳动奉献"反映的是处理个人利益和集体利益、局部利益和全局利益、眼前利益和长远利益的关系时采取舍己为人、无私奉献的价值导向。作为一种主观感受,"劳动奉献最光荣"彰显了每个劳动者美好的价值追求。当人们的劳动价值得以实现、言论得到认同、行为得到效仿、需要得到满足时,由此产生的欣慰、自豪、荣耀的自我积极心理体验会激发劳动者以更大的热情投入社会劳动,从而创造更高的价值。作为一种价值观念,"劳动奉献最光荣"代表了全体劳动者应有的价值立场。弘扬劳动精神就是要发扬无私奉献精神和服务他人意识,培育社会主义核心价值观,同各种好逸恶劳的错误思想彻底割裂开来,时刻警惕不劳而获、投机取巧、贪图享乐等错误观念。作为一种社会风尚,"劳动奉献最光荣"是整个社会对劳动及其成果的价值评价。唯有在"劳动奉献最光荣"涌动的社会思潮下,新时代劳动精神才能发挥出凝聚人心、引领风尚和激励先进的巨大作用。

> **案例3-1:中车青岛四方机车车辆股份有限公司钳工首席技师郭锐**
>
> "'复兴号'奔驰在祖国广袤的大地上!"作为一名高铁工人,每每听到这句话,郭锐都心潮澎湃,更深感责任重大。高速动车组是国之重器,怎样保证"复兴号"动车组高效率、高品质达产交付,是郭锐常常思考的问题。
>
> "上为大国重器,下担产业引擎",对郭锐的团队来说,这不是一句空话,而是每一天实实在在的"战斗"。一列"复兴号"动车组,有50多万个零部件,是一项庞大的系统工程,更是高精尖技术的集大成者。拿郭锐所从事的转向架装配来说,胜败往往在"微米"之间。高铁列车跑得又快又安全,转向架是核心部件之一,相当于动车组的"腿脚",装配要求极高。例如"复兴号"转向架的分体式轴箱,它的装配精度必须控制在0.04毫米之内。
>
> 从事动车组转向架装配15年,郭锐常常感到越熟悉越敬畏。动车组齿轮箱小轴的轴向游隙测量,一直是生产线上的难题,按工艺标准,游隙调整空间只有0.02毫米。之前郭锐发明了一种游隙测量工装,现在正在研究一套更先进的操作方法。这套方法目前已进入正式论证阶段,推广以后,希望能帮助"复兴号"转向架的装配品质更上一层楼。
>
> 让更多中国品牌成为世界品牌,一支心怀"工匠精神"的高技能人才队伍必不可少。因此,除了技能攻关,郭锐还要做好"带徒传技"工作。2019年年底,以郭锐名字命名的"郭锐技能大师工作室",正式成为国家级技能大师工作室。在这里,郭锐和企业技能人才努力推进技能攻关、难题攻关、专利发明等工作。
>
> 目前,工作室已汇集转向架制造领域347名高技能人才,其中有28人为技师或高级技师。郭锐的团队开设了"工匠云课堂",线上讲授专业技能课程。
>
> 现在,郭锐所在的中车青岛四方机车车辆股份有限公司已经实现100%达产,"复兴号"动车组陆续交付。这支敢打善拼的高铁队伍,一定能让更多的"复兴号"奔驰在更广袤的大地上。

二、劳动人民最崇高

党的十九大报告指出,人民是历史的创造者,是决定党和国家前途命运的根本力量。人民是国家的主人,人民群众中蕴藏着无尽的智慧和力量。劳动人民既是历史的创造者,也是劳动精神的创造者,更是新时代劳动精神的开拓者。对历史发展和社会进步做出杰出贡献的劳动人民最崇高,新时代劳动者是全面建成小康社会、坚持和发展新时代中国特色社会主义的主力军,同时也是劳动精神的忠诚继承者和坚定发扬者。新时代劳动精神始终以人民为中心,一切为了人民实现美好生活,一切依靠劳动人民创造历史伟业。劳动人民对美好生活的需要是推动社会历史不断前进的根本动力,新时代劳动精神的根本出发点和落脚点在于实现好、维护好、发展好广大普通劳动者根本利益,实现共建与共享统一。

案例 3-2:全国劳动模范申纪兰

2019 年 9 月 29 日,为党和人民事业做出巨大贡献的"共和国勋章"获得者申纪兰,登上国家最高领奖台,接受党和人民的致敬。这让作为"共和国勋章"获得者的申纪兰,这位心系群众、梦随共和国,用一生践行"不忘初心、牢记使命",为中国劳动妇女拼出"半边天"的老劳模激动万分。

20 世纪 50 年代,平顺县西沟村还是一个山连山、沟连沟的贫穷小山村。1947 年,18 岁的申纪兰嫁到了西沟村,婚后第 6 天便开始下地劳动。那个时候,妇女连劳动的权利也没有。而倔强的申纪兰不但自己打破旧俗下地劳动,还动员其他六七个姐妹一起参加劳动。为了争取妇女平等的劳动权利,她组织村里开展男女劳动竞赛,并最终赢得了比赛,用劳动成果争得了"男女同工同酬"的待遇。

1954 年,25 岁的申纪兰作为劳模代表,当选第一届全国人大代表,在她的积极倡导和推动下,"男女同工同酬"被正式写入《中华人民共和国宪法》。

作为全国唯一一名连续当选第一届至第十三届全国人大代表者,申纪兰始终保持爱国爱党初心不渝,扎根农村本色不改。"当人大代表,就要代表人民,为人民说话,给人民办事。"担任全国人大代表 60 多年来,申纪兰始终将目光聚焦"三农",她通过建议和议案,将加强农业基础地位、珍惜和合理使用土地、减轻农民负担、加强山区公路交通建设等问题推动落实,带动老区脱贫振兴。

1973~1983 年,在担任山西省妇联主任期间,手握权力的申纪兰却提出了著名的"六不"约定,即不转户口、不定级别、不领工资、不要住房、不调工作关系、不脱离劳动。她说她的根在农村,西沟村的每座山上都有她的脚印,每片土地上都有她的汗水,她只是一名农民,她获得的荣誉也属于劳动人民。

申纪兰一路见证着新中国从站起来、富起来到强起来的巨大飞跃,心中沉淀下的是共产党人始终不渝的使命和初心。

三、劳动实践最伟大

"人类的美好理想，都不可能唾手可得，都离不开筚路蓝缕、手胼足胝的艰苦奋斗。"新时代劳动精神应贯彻到进行伟大斗争、建设伟大工程、推进伟大事业、实现伟大梦想全过程。首先，伟大斗争必须依靠劳动进行。"我们国家的发展前景十分光明，但道路不可能一帆风顺，蓝图不可能一蹴而就，梦想不可能一夜成真。"当前，改革发展任务之重、矛盾风险挑战之多、治国理政考验之大都是前所未有的，我国越发展壮大，遇到的阻力和压力就会越大，要求我们以一种勇立潮头、走在前列的勇气，一种冲开绝壁、夺隘而出的锐气，投身改革创新的时代潮流，坚决破除一切顽瘴痼疾，通过调整生产关系激发社会创造活力，让中国特色社会主义焕发生机活力。其次，伟大工程必须通过劳动建设。"劳动，是共产党人保持政治本色的重要途径，是共产党人保持政治肌体健康的重要手段，也是共产党人发扬优良作风、自觉抵御'四风'的重要保障。"推进党的建设新的伟大工程，必须始终坚持艰苦奋斗的优良传统，党员干部要带头弘扬劳动精神，发扬艰苦奋斗之风，增强同劳动人民的感情，真正地深入群众、发动群众、组织群众、带领群众，在各自岗位上勤勉工作，做出经得起历史和人民检验的实绩。再次，伟大事业必须根据劳动推进。"我们所处的时代是催人奋进的伟大时代，我们进行的事业是前无古人的伟大事业，我们正在从事的中国特色社会主义事业是全体人民的共同事业。"新时代劳动精神是激励全党全国各族人民奋勇前进的强大现实力量，功崇惟志，业广惟勤，一砖一瓦方能砌成中国特色社会主义事业大厦，一点一滴才能创造人民美好幸福生活。最后，伟大梦想必须经由劳动实现。实现中华民族伟大复兴的伟大梦想需要伟大的劳动精神作支撑。"伟大梦想不是等得来、喊得来的，而是拼出来、干出来的。"实现伟大梦想，要弘扬伟大的新时代劳动精神，增强团结一心的精神纽带和自强不息的精神动力，永远朝气蓬勃迈向未来。

> **案例3-3：袁隆平等6人获聘"中国农民丰收节推广大使"**
>
> 为进一步发动社会各界广泛参与中国农民丰收节，提升中国传统节日影响力、凝聚力、号召力，推进成风化俗，引导带动城乡同庆丰收、共迎小康，中国农民丰收节组织指导委员会正式设立"中国农民丰收节推广大使"，并从相关领域聘请了一批杰出代表，参与丰收节民俗、文化、科技、旅游等公益宣传活动，承担在各自领域的公益推广义务。"推广大使"需具有积极向上的公众形象，有较强的社会影响力和号召力，在各自领域取得突出成就。袁隆平、申纪兰、冯巩、海霞、冯骥才、李子柒等6人受聘担任首批"推广大使"。

案例3-4：全国最美乡村教师张桂梅

云南省丽江华坪女子高级中学党支部书记、校长，华坪县儿童福利院院长张桂梅，曾荣获"时代楷模""全国优秀共产党员""全国先进工作者""五一劳动奖章""全国优秀教师""七一勋章""感动中国2020年度人物"等荣誉称号。

张桂梅同志坚守教育报国初心，牢记立德树人使命，扎根贫困地区40多年，立志用教育扶贫斩断贫困代际传递，倾力建成全国第一所全免费女子高中，让1600余名贫困山区女学生圆梦大学，托举起当地群众决战决胜脱贫攻坚的信心希望。

张桂梅同志坚守初心、对党忠诚，响应党的号召，毅然到云南支援边疆建设，跨越千里、辗转多地，无怨无悔。她创办免费女子高中，帮助数千名山区女孩改变命运，为国家输送了一批又一批莘莘学子。她坚决贯彻党的教育方针，将坚定的理想信念融入办学体系，用红色教育为师生铸魂塑形。2000年，她在领取劳模奖金后，把全部奖金5000元一次性交了党费。她把对党的忠诚和对人民的热爱渗透在血脉里，在她身上充分体现着一名共产党员初心如磐的精神品质和至诚至深的家国情怀。

张桂梅同志爱岗敬业、爱生如子，为了不让一名女孩因贫困失学，坚持家访11年，遍访贫困家庭1300多户，行程十余万公里。她长期拖着病体工作，超量的付出透支了原本羸弱的身体，换来女子高中学生学习的好成绩。她不遗余力践行着"只要我还有一口气，就要站在讲台上"的诺言，用实际行动铺就贫困学子用知识改变命运的圆梦之路。多年来她一直住在学生宿舍，和孩子们吃住在一起，陪伴学生学习生活。她在教书育人岗位上为贫困地区教育事业做出了重要贡献，在她身上充分体现了人民教师潜心育人的敬业精神和立德树人的使命担当。

张桂梅同志执着奋斗、无私奉献，心怀大我，对自己近乎苛刻的节俭，却把工资、奖金和社会各界捐款100多万元全部投入到贫困山区教育中。长期义务兼任华坪福利院院长，多方奔走筹集善款，20年来含辛茹苦养育136名孤儿，被孩子们亲切称呼为"妈妈"。她把全部身心献给了祖国西南贫困山区的教育和福利事业，在她身上充分体现了人民教师以德施教的仁爱之心和至善至美的师者大爱。

四、劳动创造最美丽

劳动乃是人按照人的本质、美的规律改造世界的过程，因此劳动是最能体现人的本质力量和审美精神的实践活动。

新时代生机勃勃、充满活力，中国共产党团结带领全体人民共谋国家富强，全国各族人民勠力同心建设社会主义现代化强国，不断开创历史新局面。新时代劳动精神本身凝聚着劳动之美，且蕴含在崇高的道德境界和高尚的道德情操之中，"最美乡村教师""最美乡村医生""最美消防员"等无数新时代奋斗者，都在平凡的岗位上成就着不凡的人生，在劳动奉献中实现人生价值并领悟劳动精神的美。

在完成"两个一百年"奋斗目标和实现中华民族伟大复兴的中国梦的征程中，推崇劳动、加强劳动教育已成为新时代的必然要求，具有重大的现实意义。

劳动不仅创造了人类，也是人类的本质特征和存在方式，并推动着社会历史滚滚向前发展。

案例3-5：从城中村到"中国最文艺的渔村"——探索"曾厝垵模式"

曾经脏乱差的"城中村"蜕变成"百姓富、生态美"的"中国最文艺的渔村"，"城中村"转型升级、创新社会治理的"曾厝垵模式"正在逐渐完善。

改变以往城中村改造"拆旧建新"的做法，思明区启动了"闽南古厝再生"计划，采用共建共管的方式对闽南古厝进行保护性修缮，对文创村中的名人轶事进行深入挖掘，成功打造了曾厝垵村史馆"渔村时光空间"、展示"蔡复一历史名人文化"的渔村文化馆"金门大赞"等，留住了闽南文化的精髓。这种由民间推动进行古厝文物保护，政府最后进行评定奖励的模式无疑是"共同缔造"理念在曾厝垵的生动实践。

曾厝垵通过"整体规划、有机更新、社区再造"的方式，既保护了原生态的渔村历史风貌，又注入了开放多元的创意新功能。

第二节　劳动教育与德育、智育、体育、美育相融合

习近平总书记在全国教育大会上提出："培养德智体美劳全面发展的社会主义建设者和接班人，加快推进教育现代化、建设教育强国、办好人民满意的教育。"面对新变化，新要求，各高校纷纷开展"五育并举"教育教学改革实践，落实立德树人根本任务，培养适应新时代发展需要的高素质人才。劳动教育是构建全面教育体系不可或缺的一环，劳动可以树德、增智、强体、育美。德智体美劳有各自不同的功能，但又有着紧密的联系。

一、劳动教育与德育

劳动使得学生在学以致用中将自身与世界充分接触，在有目的、有价值、有意义的劳动实践过程中，懂得劳动的价值意蕴，真正明白马克思主义关于劳动是人的本质的观点，从而深化为科学的人生观、价值观和世界观，这一过程也是道德教育形成的过程。

德育是引导学生成长和成才的主要途径。劳动教育可以促进大学生树立正确的劳动价值观，在育人方面的价值不可估量。将劳动教育与德育二者有机结合能促进二者相互渗透，相互强化。

案例 3-6：劳动者的品质

从抗击疫情战斗中的医护人员上看劳动者的坚守与奉献（见图 3-1）。进入 2020 年，疫情突然席卷全国，医护人员一直奋战在抗疫战斗的第一线。他们当中有身患渐冻症却依然坚守岗位的武汉市金银潭医院院长张定宇，有毅然推迟婚期参与疫情抗争的武汉市汉阳医院呼吸内科主治医师龚丽丽，有 84 岁高龄临危受命的钟南山院士，有驰援武汉的全国各地医护工作人员，还有永远定格在冬天的抗疫英雄们……这些医护工作者在关键时期舍弃小家为大家，正是他们的坚守与奉献，为更多的普通群众带来了生命的希望。

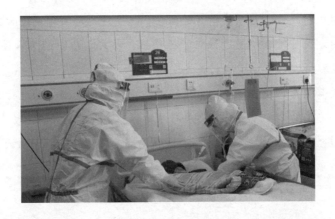

图 3-1 抗疫一线的医生

从"八婺工匠"看劳动者的勤劳与实干。金华市"八婺工匠"中有企业工程师，也有"非遗"传承人；有老板身份的，也有纺织厂的普通织布工。劳动者的勤劳与实干精神在他们身上展现得淋漓尽致。勤劳品质一直深耕在中国劳动者的血液中，勤劳应是我们每一位劳动者所具有的基本品质，对待工作不懈怠，勤勉工作理应成为我们的劳动风格。实干兴邦，劳动者们要脚踏实地，一步一个脚印，苦干实干，以奋斗者的姿态谱写自己的精彩人生。

从"城市美容师"身上看劳动者的诚实与格局。曾有一位记者采访环卫工人，每天凌晨 3 点多钟就要起床打扫街道，这么辛苦，会有怨言吗？环卫工人带着朴素的笑容回答说："每天起得确实早，但是看着街道在我手里慢慢变干净，心里挺满足的，街上干净了，走在路上的人都会舒服些。"劳动者在工作中要有诚实的工作意识，对待工作要尽心尽职。每位劳动者在工作中要有大局观，不要仅从自己的角度去思考问题，还要从他人，从整体上去思考。

案例 3-7：同仁堂对联

"炮制虽繁必不敢省人工，品味虽贵必不敢减物力。"这是北京同仁堂药店门口的一副对联（见图3-2）。北京同仁堂是中药行业的老字号，创建于清康熙八年（1669年）。历代同仁堂人都恪守这个古训，也树立起了"修合无人见，存心有天知"的自律精神，这也是为什么同仁堂历经数百年依然享誉海内外的最根本的原因。

图 3-2 同仁堂对联

二、劳动教育与智育

从影响了我国教育一千多年的科举制度我们能看到劳育和智育的发展是不平衡的。科举考试的选拔方式片面强调对理论知识的掌握，学生死记硬背，两耳不闻窗外事。然而，明末清初的思想家颜元反对传统教育，主张培养文武兼备、经世致用的人才。对静坐读书的传统教育，颜元作了"从古及今，未有其比"的批判。他提倡"经世致用"和"习行"之学，提出"实学""真学"的主张，猛烈抨击宋明理学家的"穷理居敬""静坐冥想"。颜元注重农业知识的传授，注重劳动对育人的作用，他认为劳动不仅可以促进经济和社会的发展，使国家强盛，而且也有益于人身体、思想、智力的发展。由于体质的增强，学习起来可以"振竦精神，使心常灵活"。所以说，劳动可以"练智"和"达才"，发展人的智力。颜元关于劳动教育的思想是对传统教育的挑战，在历史上有很大的进步意义。

在中国现代教育史上，陶行知是最早提出教育与生产劳动相结合的教育家，他的生活教育理论对后世的教育有很大影响。针对传统教育中手脑分离、劳力与劳心分离的状况，他提倡"手脑并用""在劳力上劳心"，并以劳动为中心沟通科学文化知识，引导学生在劳动中学习科学文化知识，在文化科学知识的学习中劳动，很好地将劳育与智育相结合。

改革开放后，国家对劳动教育进行了积极探索，强调教育要与生产劳动和社会实践相结合，强调受教育者德智体美劳全面发展。而新时代劳动教育被赋予了新的内涵，其价值得到重新彰显，劳动教育的意义被重新肯定和重视。

智育是劳动教育的条件和基础。劳动教育的顺利实施是建立在一定的基础知识储备和智力水平之上，学生对劳动课程理论的学习、对劳动意识的吸收、对劳动技能的掌握离不开原有的知识储备和心智发展。此外，创新劳动也离不开学生的智力，尤其是创造性思维能力和培育勇于探索的精神。劳动教育中所渗透的智育内容也使得智育无法脱离劳动教育而单独发展。宋庆龄曾说过，知识是从刻苦劳动中得来的。学生只有通过劳动实践，将书本知识与劳动相结合，才能加深对课内知识的理解，逐步培养起自主学习能力和创新创造意识，在劳动中对大脑进行二次开发。

劳动教育和智育相互促进。劳动教育在对学生进行劳动素养培养的过程中，不仅通过劳动教育课传授劳动技能知识，而且使学生在劳动实践中培养动手操作能力、自我教育和探索能力，形成正确的劳动价值观。学生在劳动中思考，有利于促进思维和智力的发展，这不仅能促进学生对科学文化知识的掌握，而且也有利于涵养人的心智。随着科技发展和产业变革，新时代的劳动呈现出新形态，要求培养高素质的劳动人才，提高创造性劳动能力，从而提高劳动生产率，增加社会财富。创造性的劳动离不开科学基础知识，这一任务需要智育来完成，通过智育培养学生的科学精神和批判性思维能力，有利于促进劳动技术的革新。

近年来随着新兴产业的兴起和各网络平台的发展以及科技的进步，社会对人才的需求日益多样化，对创造性劳动人才的需求也不断增大。新时代的劳动者应是敢于实践创新、勇于开拓的智慧型人才。

> **案例3-8：屠呦呦的求学和研究之路**
>
> 屠呦呦（见图3-3）的求学之路曾因一次疾病中断。16岁时，她不幸染上肺结核，经过两年多的治疗调理才康复。正是这次经历，让她对医药学科产生了兴趣。她说"我学了医，不仅可以远离病痛，还能救治更多人，何乐而不为呢？"1951年，屠呦呦考入北京大学，在医学院药学系学习，大学4年期间，屠呦呦努力学习，取得了优良的成绩。在专业课程中，她尤其对植物化学、本草学和植物分类学有着极大的兴趣。
>
> 1955年，屠呦呦从北京大学毕业后分配到卫生部中医研究院（现中国中医科学院）中药研究所工作。1956年，全国掀起防治血吸虫病的高潮，她对有效药物半边莲进行了生药学研究；后来，又完成了品种比较复杂的中药银柴胡的生药学研究。两项成果被相继收入《中药志》。

图3-3 屠呦呦照片

> 1969年1月，39岁的屠呦呦接到紧急任务：以课题组组长的身份，与全国60家科研单位的500余名科研人员一起，研发抗疟新药。项目就以1967年5月23日开会日期命名，遂为"523"项目。屠呦呦领导课题组从系统收集整理历代医籍、本草、民间方药入手，在设施简陋和信息渠道极度闭塞的条件下，短时间内对几千种中草药进行筛选。一遍遍翻阅中医药典籍，一次次跋山涉水寻访民间医生，历经380多次失败，终于在1971年成功发现青蒿的有效抗疟成分；1972年，从该有效成分中分离得到抗疟有效单体，命名为青蒿素；1973年，为确证青蒿素结构中的羰基，合成了双氢青蒿素。直到现今她也一直持续着对青蒿素的研究。

三、劳动教育与体育

中国梦，是强国梦，青年兴则国家兴，青年强则国家强，学校担任着为国家培养高素质人才的重要任务。通过体育课和体育锻炼，大学生可以拥有健康身心和强健体魄；通过劳动实践，大学生可以认识世界、了解世界，培养艰苦奋斗的精神。将体育与劳动教育相融合，能够更好地做到以体促劳的教学目标，更好地引导学生培养正确的劳动价值观，在加强学生身体锻炼的同时，能推动德、智、体、美、劳共同发展，进一步落实好学校的素质教育。

在学校开展体育活动虽然能够在一定程度上提高同学们的身体素质，但体育活动时间和场地是非常受限制的。而劳动却是相对来说很容易实现的事情，同学们可以利用课余时间参与家庭、学校、社会的劳动，积极主动地去做一些力所能及的事，身体力行中既实现了劳动成果，又能够锻炼身体，提高身体素质。通过不断地参与劳动，能够激发同学们的身体潜能，在体力、耐力、协调力、动手能力各方面都能得到提升，在潜移默化中改善同学们的身体素质。

将劳动教育融入体育中，既能够增强学生的身体素质，又能够陶冶学生的情操。在劳动中能够提高学生的动手能力、吃苦能力，能够让学生感受到劳动过程的辛苦，劳动成果的来之不易，激发学生珍惜劳动成果的情感，也能够从心底升华出对劳动的敬畏之心，对孩子们来说无疑是非常宝贵的实践，从而使劳动教育真正成为学校体育教育的拓展和延伸，成为学生调节身心、拓展知识、锻炼能力、陶冶情操的有利机会，从而提高学生的综合能力。

> **案例3-9：奥运冠军全红婵**
>
> 东京奥运会上，14岁少女全红婵一鸣惊人。作为中国奥运代表团最年轻的运动员，以创纪录的成绩夺得10米跳台冠军，让五星红旗高高飘扬在东京水上运动中心上空。

辉煌成绩的背后，不仅有全红婵的天赋，更有她日复一日的刻苦训练。全红婵在广东队的教练何威仪认为她是"天赋型"选手。"她的弹跳力、腰腹能力在同龄人里突出，身材条件符合跳水运动员选拔标准，身材纤细、脚尖膝盖漂亮，身体柔韧性好，控制力也很强。她的手部能力比较强，不仅适合压水花，提倒立也可以连续做10个。"此外，在何威仪看来，全红婵也是同一批运动员里最能吃苦的，"每天不但在陆上跳两三百次动作，而且在水上也要跳120个左右。"

全红婵的启蒙教练陈华明有着同样的感受："全红婵从小就显示出天赋。她的性格很鲜明，冲劲十足，也很聪明，领悟能力特别强，特别适合跳水。全红婵平时训练都不会喊累喊苦，我们这里最大的运动量她都能坚持下来。"陈华明坦言，全红婵的"水花消失术"不仅有先天优势，而且更多是来自后天的苦练。

2021年8月，全红婵被共青团中央、全国青联授予"中国青年五四奖章"，同年9月，全红婵以运动员身份获表彰"全国体育系统先进工作者和劳动模范"，同月，中华全国总工会授予全红婵"全国五一劳动奖章"。天赋加上勤奋，为全红婵插上了梦想的翅膀，也让她拥有了飞快成长的经历。

四、劳动教育与美育

马克思主义认为，劳动创造了美。劳动使劳动本身成为审美对象，劳动作为一种创造美的活动，本就不局限于形式化劳动，大学生劳动的内容和形式也不应仅限于要求学生打扫卫生的体力活。通过不断丰富劳动教育的内容和形式渗透美育，让生产劳动摆脱刻板禁锢，激活劳动本身的美学性质，有效提升发现美、体会美和创造美的能力素质。劳动美是美的集中反映，它更具象、更有感染力，学生通过感受劳动者之美、劳动成果之美，提高用美的标准来塑造心灵美、行为美的意识。

（一）劳动之美

党的十八大以来，习近平总书记多次提出要弘扬"劳动最光荣、劳动最崇高、劳动最伟大、劳动最美丽"的号召。"最美乡村医生""最美司机""最美消防员""最美基层民警""最美逆行者"等提法，表达了人们对劳动光荣理念的赞同和对各行各业优秀劳动者的敬重。"美"作为劳动的属性，已成为衡量劳动价值的重要维度。马克思主义主张将"劳动"与"美"结合起来考察，"美"与主体改造客观世界的劳动实践相联系，从主客体相统一角度昭示了劳动之美的科学意蕴。劳动之美主要体现在人类劳动产生了美、劳动彰显劳动者人格之美、劳动价值目标指向美好生活等维度。

案例 3-10：古诗文里的劳动之美

翻开我国古代诗歌作品，历代文人墨客也写下了许多关于古人辛勤劳动的诗篇，歌颂劳动之美、劳动之乐的美好情怀。《诗经》是我国最早的一部诗歌总集，里面就有大量描绘劳动生产的农事诗。《伐檀》一开头就讲"坎坎伐檀兮，置之河之干兮"，是一首描写伐木工人劳作的民歌。《芣苢》诗曰："采采芣苢，薄言采之。采采芣苢，薄言有之。采采芣苢，薄言掇之。"则是农妇们采摘车前子草时所唱的歌谣，既生动又欢快，热情歌颂了劳动人民热爱劳动的高贵品质。

陶渊明把农活写进诗里，充满诗情画意。譬如他的《归田园居》："种豆南山下，草盛豆苗稀。晨兴理荒秽，带月荷锄归。道狭草木长，夕露沾我衣。衣沾不足惜，但使愿无违。"全诗平淡自然、清新质朴，言简意长，真挚感人，抒写了对田园生活的热爱以及享受田园劳作之乐的惬意、闲适的心情。他在《庚戌岁九月中于西田获早稻》一诗中写道："人生归有道，衣食固其端，孰是都不营，而以求自安"，告诫了人们要自食其力，勤奋劳动，如果什么事都不做，又怎么能解决自己的温饱问题呢？

李白在《秋浦歌十七首·其十四》中写道："炉火照天地，红星乱紫烟。赧郎明月夜，歌曲动寒川。"诗一开头，便呈现出一幅气氛热烈的冶炼场景：炉火熊熊燃烧，红星四溅，紫烟蒸腾，广袤的天地被红彤彤的炉火照得通明。接下来两句转入对冶炼工人形象的描绘。诗人以粗犷的线条，略加勾勒，冶炼工人雄伟健壮的形象便跃然纸上。在诗人的妙笔下，光、热、声、色交织辉映，明与暗、冷与热、动与静烘托映衬，鲜明、生动地表现了火热的劳动场景，酣畅淋漓地塑造了古代冶炼工人的形象，字里行间饱含着诗人的赞美歌颂之情。

（二）劳动者之美

劳动彰显了劳动者人格之美。广大劳动者依靠"辛勤劳动、诚实劳动、创造性劳动"，取得了人类社会的进步，劳动者的美德得以充分展现。其中，劳动模范更是闪光群体，如革命年代的赵占魁、吴运铎、甄荣典，新中国成立后的孟泰、王进喜、邓稼先，新时期的孔祥瑞、邓建军、吴登云等光辉人物，他们共同铸就了"爱岗敬业、争创一流，艰苦奋斗、勇于创新，淡泊名利、甘于奉献"的劳模精神。习近平指出，"劳动模范是劳动群众的杰出代表，是最美的劳动者。"

案例 3-11：普通的劳动者

凌晨四点，大多数人还睡梦正酣，但有一些人却开始了忙碌的工作。有的人忙着打扫街道、清运垃圾，还城市新一天的整洁和干净；有的人正专心检修地铁和车辆，保障即将到来的早高峰的出行安全；有的人忙着洗菜做饭，为上班族准备可口的早餐；

有的人开着车穿梭在大街小巷运送乘客；有的人已经批发好了一整车新鲜的蔬果；有的人已经奔波在送外卖的路上……

或许我们未曾留心过劳动者们的样貌，但他们的劳动成果却融入了我们的生活。干净的街道、可口的早餐、便捷的交通、方便的生活……这些都是普通劳动者之美的体现。

（三）劳动成果之美

"以辛勤劳动为荣、以好逸恶劳为耻"，是对勤劳的精准概括，同时又具有鲜明的时代特征。劳动之所以伟大，是因为劳动引发了一系列的发明创造，推动了社会生产力的不断进步和物质财富的极大丰富。劳动之所以崇高，是因为劳动是财富之母，人类所享受的一切物质成果、科技成果、文化艺术成果无一不是劳动的产物。一部人类社会的发展史就是一部光荣的劳动史。

案例3-12：辛勤劳动创造文学之美

路遥说："写作也是一种劳动，文学创作的艰苦性在于它是一种创造性的劳动。"

一提到路遥，人们最先想到的就是他的长篇小说《平凡的世界》，但想要了解这篇巨著，必须先读懂《早晨从中午开始》。这是他为自己获茅盾文学奖的《平凡的世界》所写的创作随笔。其中提到，"只有在无比沉重的劳动中，人才活得充实"和"写作也是一种劳动"。

读懂《早晨从中午开始》，你就会明白写作也是一种艰辛的、创造性的劳动。路遥把写作看作劳动，从来都是怀着敬畏而一丝不苟的。

路遥自己说过，"人不仅需要战胜失败，更要超越胜利。"他正是凭着这股精神跨越了别人认为不可逾越的人生横杆，用最顽强的生命力灌溉出《平凡的世界》这颗文学硕果。

第三节 劳动实践与劳动责任

劳动实践是高等教育实践教学环节中的重要组成部分，包括专业实验、专业实训、专业实习等内容。高校依托不同的教学环境，有计划地、系统地组织学生结合所学专业开展多元化的实操性、实践性活动，通过在做中学、在做中思、在做中行，增进学生对课堂讲授的专业知识的认知，激发学生主动思考，提高学生探索创新的意识，锻炼学生运用专业知识和技能解决实际问题的能力，提升学生的综合素质与就业竞争力。劳动实践本身是一种劳动活动，是开展新时代高校劳动教育的主阵地，是发挥"以劳树德、以劳益智、以劳健体、以劳育美"协同育人功能，培养德智体美劳全面发展的社会主义建设者与接班人的主渠道。

一、劳动教育与劳动实践相结合的必然性

2018年教育部发布《普通高等学校本科专业类教学质量国家标准》（以下简称《国家标准》），制定了92个本科专业类，包括全部587个本科专业、涉及全国高校56000多个专业点的教学质量国家标准。其中，在经济学类教学质量国家标准中对专业实验、专业实训、专业实习给出了明确解释。专业实验是为完成某一项具体的专业教学目标，在高校内部学习环境下进行的一种专业知识技能操练；专业实训，是依托实务部门或在校内模拟实务场景下进行的一种综合运用多种专业技能解决某一类较为复杂的实务问题的实践训练；专业实习则是深入到实务部门中进行的一段较长时间的实际工作体验，其目的在于让学生全面了解真实的职场生活，更好地适应职场生活，综合运用各种专业知识技能和人际沟通能力解决各类职场实际问题。三者相辅相成、层层推进，对大学生劳动能力训练的要求越来越高，越来越接近真实的职场生活。

在《国家标准》中，其他本科专业类也结合专业自身特点和社会用人需求，给出劳动实践具体的解释。这些解释与经济学类教学质量国家标准规定的有所不同，但总体上表现出三个共同的特征，即与专业相结合，劳动实践要注重专业化和专门化的学习；与社会相结合，劳动实践要围绕企业、行业用人需求而开展；与实践相结合，劳动实践要强调"劳动"的教学方式，即运用所学专业技能，参与到实验、实训、实习中，通过实操和实践劳动完成教学任务，解决实际问题，培养专业能力和综合素质。为此，劳动实践中融入劳动教育，是加强劳动教育、实现劳动教育内化于心、外化于行的必然选择。

（一）劳动实践是学习劳动知识技能的主要方式

习近平总书记在党的十九大报告上指出，"永远把人民对美好生活的向往作为奋斗目标，以永不懈怠的精神状态和一往无前的奋斗姿态，继续朝着实现中华民族伟大复兴的宏伟目标奋勇前进。"实现人民对美好生活的向往要靠党和国家创造更好的教育、更稳定的工作、更满意的收入、更可靠的社会保障、更高水平的医疗卫生服务、更舒适的居住条件、更优美的环境；更要靠人民自身的努力，人民首先要学会生存，学会自食其力的劳动技能，用自己的劳动获得生活的基本需求；要奋斗，精进劳动专业技能，改善生活条件，提升生活满意度。随着现代经济的不断发展和行业的不断更新，我国产业结构发生了深刻的变革，对人才的需求也随之发生了改变。2018年第三季度百城市公共就业服务机构市场供求信息统计结果表明，从需求侧看，56%的市场用人需求对劳动者的技术等级或专业技术职称提出明确要求；从供给侧看，55%的市场求职人具有一定技术等级或专业技术职称。社会对专业化人才需求的增加、人民对自身发展意愿的提升，对高校人才培养提出了更高的要求。劳动实践作为专业课堂教学的延伸，是将理论专业知识和专业技能从"知道"转化为"运用"的过

程,是培养大学生专业能力与就业竞争力的主要教学环节。因此,加强劳动实践中的劳动知识技能教育是促进学校教育与社会需求"无缝衔接"的有效手段,是必要且重要的。

(二) 劳动实践是培养劳动价值观的主要阵地

人之于劳动的认识决定了其进行劳动的态度,而这种态度又直接影响着劳动者的劳动效率。加强劳动教育、培养劳动价值观已成为各类各级教育的一项重要任务。2015年教育部、共青团中央、全国少工委发布《关于加强中小学劳动教育的意见》,要求中小学开展校内活动、组织校外劳动、鼓励家务劳动,让学生直接参与劳动过程,增强劳动感受,体会劳动艰辛,分享劳动喜悦,掌握劳动技能,养成劳动习惯,提高动手能力和发现问题、解决问题的能力。大学生作为社会劳动力的生力军,每年有百万大学生走向劳动岗位,他们的劳动价值观是否正确不仅影响大学生个体的成长、成才,同时也影响整个社会的生产力发展与生产效率的提升,因此在大学阶段将劳动教育融入教育教学的各个环节中,抓好大学生劳动价值观确立和稳定的关键期显得尤为重要。大学教育中的劳动实践作为大学生直接参与劳动的主要过程,势必要发挥其劳动价值观培养的重要作用。在劳动实践中,学生能够通过劳动实践更为深刻地认识劳动的价值与意义,能够通过与同学、校内专职指导教师、校外兼职指导教师、企事业单位与行业部门专家等不同主体的合作与交流,了解他人对劳动的认识和态度,感受他人辛勤劳动的行为,在他人的示范感染下,潜移默化地形成崇尚劳动、尊重劳动、热爱劳动的劳动价值观。

(三) 劳动实践是养成劳动品质的练兵场

苏霍姆林斯基认为,学校教育的使命在于,要使劳动进入个性的精神生活,进入集体的生活,要使热爱劳动早在少年时期和青年早期就成为个人最重要的品质之一;劳动教育的理想就是使每个人早在少年时期和青年时期就找到这样一种劳动,在这种劳动中能够最充分、最鲜明地展示他的天赋才能,并给他带来精神创造性的幸福。劳动品质反映的是一种劳动品德,即辛勤劳动、诚实劳动、创造性劳动的品质,表现为:在学习工作中,要勇于担当责任,能够兢兢业业地完成学习工作任务;在挫折困难面前,显示出坚毅的品质;能够想方设法战胜困难,最终取得胜利。在对内蒙古财经大学400名本科学生的调查中发现,大部分学生能正确认识劳动,热爱劳动,具有正确的劳动态度和劳动价值观。但是学生参与实践劳动的积极性不高,当个人愿望未能满足或遇到挫折、失败时,容易产生消极、否定情绪,产生抱怨、退缩、放弃等负面行为。这反映的是学生的劳动品质还需要培养。劳动品质的形成要落实到劳动实践中,劳动实践正是提供了到实践中锻炼的练兵场。劳动实践是以问题为导向,围绕某一个或几个具体的问题,让学生自主思考、独立操作,在不断探索尝试中体会劳动的意义,了解自身的劳动价值,在劳动中享受成功的喜悦、认识自身的价值,进而激励学生练就精业和敬业、自信和执着的劳动品质。

二、劳动实践中劳动责任缺失常见问题

《国家中长期教育改革和发展规划纲要（2010—2020年）》指出，创新人才培养模式，要注重知行合一，坚持教育教学与生产劳动、社会实践相结合，开发实践课程和活动课程，增强学生科学生产实验、生产实习和技能实训的成效。各高校按照国家要求，不断推进实验实训课建设，积极拓展实习合作企业与行业部门，建成基本符合高校自身人才培养需求的实验教学中心和劳动实践平台，形成一套较为系统的劳动实践教学体系，但是劳动实践与劳动责任融合方面尚有不足，还不能很好地发挥劳动责任与德育、智育、体育、美育协同育人的作用。主要表现在以下四个方面。

（一）学生对劳动责任认识不足

习近平总书记在北京大学师生座谈会上对当代青年提出"要励志，立鸿鹄志，做奋斗者……要培养奋斗精神，做到理想坚定，信念执着，不怕困难，勇于开拓，顽强拼搏，永不气馁"，同时告诉当代青年"幸福都是奋斗出来的，奋斗本身就是一种幸福"。奋斗不是空想空谈，是行动，是一种在实践中学、在实践中干的劳动。然而，部分学生把劳动仅看作一种单纯的体力劳动，忽视了学习也是一种劳动，在学习中具有较强的功利性，对于提升就业能力、考研升学等即时显性反馈的学习任务，多表现出积极的态度；而对于培养个人劳动品德、劳动态度的学习任务则多表现出消极的态度，如在劳动实践时只流于表面地完成学分任务，不能更深入地体会其中蕴含的劳动价值与意义，不能发展性地看待劳动，表现为对劳动的轻视、对劳动价值的忽视、对劳动责任的漠视，这就是劳动责任的缺失。

（二）教师对劳动价值观培养重视不足

习近平总书记在全国教育大会上指出，立德树人是高等教育的根本任务。教师作为教育的重要主体之一，要肩负起新时代国家赋予的使命，教师的"教"不再只是教知识、教技能，培养满足社会生产需求的专业人才；更重要的是教行为规范、教思想品德，培养符合社会主义核心价值观的合格的社会人。然而，在劳动实践中劳动价值观培养缺乏统一规范的要求，在教学活动中表现得较为随意，如在教学目标中多以专业知识技能的学习为主要教学目标，很少设置与培养劳动价值观相关的目标；在教学环节设计中多关注如何让学生学会专业知识技能，很少把劳动观念、劳动态度等内容融入专业教学中；在教学实操中更多的是关注学生对专业知识技能的运用，缺少对劳动精神的凝练并将其以语言、行为等多种方式传递给学生，缺少对学生树立正确的劳动价值观的有目的的引导，难以对学生产生潜移默化的影响。

（三）学校对劳动责任管理不足

《国家中长期教育改革和发展规划纲要（2010—2020年）》提出，加强劳动责任，培养学生热爱劳动、热爱劳动人民的情感要求，合理组织和安排大学生的劳动价值观教育，引导

大学生树立正确的劳动价值观，培养其劳动技能。然而，从 2018 年出版的《普通高等学校本科专业类教学质量国家标准》对各学科专业类培养目标设置来看，各专业类均未提及劳动责任目标，可见劳动责任在高校教育中普遍长期处于缺失状态或边缘地带。劳动实践也是如此，表现为缺少对劳动责任教学的统筹设计，缺乏对劳动实践的过程管理和考评机制。就实习来说，目前实习方式包括学校集体组织或学生自愿选择，且多以学生自愿选择实习单位为主，这导致学校很难制定统一的实习标准，实习中教育的效果更多取决于大学生自主学习的意愿和实习单位的重视程度。然而，由于实习考核方式单一，多以实习报告为考核依据，缺少激励学生积极主动参与实习的动力，多是被动地接受实习单位安排，特别是当实习单位对实习不重视时，学生就常被安排到属于较低层次的劳动岗位上，从事缺少专业技术含量的工作，乃至实习期间无所事事，相关专业技能得不到锻炼，因此实际培养的人才达不到要求。

（四）外部环境对劳动责任支持不足

劳动与每个人的日常学习生活密不可分，劳动责任要依靠国家、学校、家庭和企业全社会的共同参与。然而，国家对于高校开展劳动及劳动责任归属尚缺少原则性指导意见，相较于高校创新创业教育，国家对高校劳动责任，尤其是劳动实践中关于劳动责任的政策指导和扶持力度显得不足。对于高校创新创业教育，2015 年 5 月国务院办公厅就发布了《关于深化高等学校创新创业教育改革的实施意见》，教育部每年举办"互联网＋"大学生创新创业大赛、全国大学生创新创业年会等活动，助力推进高校创新创业教育综合改革，而在高校劳动实践教育中仍存在国家层面的制度性规定不足的问题，国家尚未明确校企合作中企业和学校的权利、义务和责任等，使得企业不清楚在劳动实践中所承担的责任。目前，尽管多数企业能够认识到与高校开展劳动实践合作，不仅可以给企业带来充足的劳动力，还可以为企业注入新的血液，促进企业生产与管理技术方法的进步，为企业发展提供源源不断的动力，但是企业同时也发现校企合作会带来企业人力、物力和生产成本增加的负面问题，对于一些只关注利益的企业来说，当其从校企合作中获得利益低于其付出的成本，乃至无法获得利益时，企业与学校合作的动力就明显降低，在劳动实践中表现懈怠应付了事，对学生的培养产生负面消极的影响。

三、劳动实践与劳动责任相结合的实践路径

《中国教育现代化（2035）》指出"弘扬劳动精神，教育引导学生崇尚劳动、尊重劳动、树立依靠辛勤劳动创造美好未来的观念。强化实践动手能力、合作能力、创新能力的培养"。劳动实践强调的正是实践动手与团队协作，为此，抓好劳动实践中的劳动责任，是贯彻劳动教育的重要途径。其根本任务是开展专业劳动知识技能教育，并融入劳动价值观、劳动态度的教育，以润物细无声之势，让劳动品质根植于心，让劳动成为习惯。

(一) 优化劳动实践教学体系，加强劳动责任融合

劳动责任是激发学生认真学习、培养创造力的源泉。劳动责任与劳动实践的融合首先要在教学体系构建时加强劳动责任，明确劳动责任的目标、教学体系和教学任务。

一是要建立科学的劳动实践课程体系，根据相关专业教学质量国家标准及培养要求，融合相关行业企业对专业人才的岗位标准，开设具有行业特点与创新创业和就业密切相关的多学科课程，着重提升学生创业知识和指导学生创业实践活动。

二是要做好劳动实践的物质保障，加强校内实验教学资源整合，推进智慧实验室建设，构建功能集约、资源共享、开放充分、运作高效的实验教学平台；综合运用校内外资源，大力推动与行业部门、企业协同合作，建设满足实践教学需要的实验劳动实践平台，通过劳动实践教学将理论知识和科学实践相结合，既培养大学生分析、解决实际问题的能力，又启迪学生勇于提出问题的探索创新精神。

美国麻省理工学院提出"Mind, Hand"，即动脑、动手的教学理念，意在营造边学边做的文化氛围，鼓励学生将严谨的学术研究与丰富的想象力相结合，在实践劳作中解决社会难题。以麻省理工学院工程系为例，在课程体系设置中，学院开设能源、创业、环境、生命科学、运输五类跨学科课程，同时开设工程伦理、人文社科课程，使学生能够从价值、伦理、生态、人文的角度来思考工程中的专业问题，进而对社会中与工程相关的各个方面有更加深刻的理解，培养学生的工程综合素养，进而服务于社会；在实验室建设方面，已建立 58 个跨学科研究中心、实验室和项目计划，作为课堂教学的延伸，为课程建设及发展搭建重要的平台，让学生深入参与实践，打破不同领域间的专业壁垒，为解决社会问题提出更深层次的理解和思路。

(二) 加强劳动实践过程管理，确保劳动责任落实

实行科学管理，完善各项规章制度，建立一整套严格的科学管理体系，是达成劳动责任成效的重要保障。

一是要建立劳动实践标准，强调学生创新精神、创业意识和创新创业能力的培养；健全劳动实践管理制度，包括校企合作教学实习基地管理制度、工作指南、考勤制度、教学质量和效果评价、工作日志制度、兼职导师管理制度等。

二是要强调教师的指导作用。劳动实践主要是在教师的指导下进行的，教师的指导和传授，可以使学生的学习避免反复探索的曲折道路，能够在较短的时间内取得更有效的学习效果。

三是要规范学生劳动实践的目标与任务，让学生能够有目的地学，能够在学习过程中发现问题、思考问题、解决问题。

以中国劳动关系学院工会学院社会工作专业集中实习为例，该专业在大三下学期组织学生利用每周三天的时间开展并行实习。为保证实习效果，学校制定专业实习的教学大纲，明

确实习的目标、任务及要求，指导实习各环节工作的开展。在实习前，落实实习指导教师，并组织学生开展实习动员，让学生认识实习的重要性，明确实习期间的工作任务和考核方式，同时联系实习单位，落实实习相关事宜。在实习期间，学生每周都需要撰写实习日志，记录每周三天的工作内容、进展、完成情况和下周工作安排；校内指导教师会不定期与学生进行交流，掌握学生实习状况，指导学生解决实习中遇到的各类问题；同时企业的实践导师也会给予悉心的指导。在实习结束后，学生提交实习报告，企业给出实习单位评定意见，对学生实习情况进行综合评价。通过这种专业对口性强、目标明确的实习，学生能够更多地运用所学的劳动知识技能处理实际问题，提高劳动能力，更好地适应未来职场需要。

（三）完善劳动实践考评体系，强化劳动责任地位

教师和学生是高等教育中"教"与"学"的主体，要想做好劳动责任教育，发挥劳动责任育人功能，关键是调动教师与学生的主动性、积极性，这就需要一套具有激励效应的考评体系。

对于教师，学校应将劳动责任的实施情况和效果纳入教师的考评中，要求教师结合学生的心理发展特征和学习特点，深入研究专业知识技能教学中的劳动责任内涵，并将这种内涵以学生喜闻乐见的方式有目的、有设计地融入劳动实践教学中，让学生更乐于接受，引发学生更深入的思考，使其能够更准确地认识劳动的本质与价值，能够尊重劳动、热爱劳动，自觉自愿地参与到劳动中，在劳动实践中实现个人的发展。同时强调教师在劳动责任教育中言传身教的作用，在教学以及师生日常接触中，教师要始终表现出对劳动的尊重与热爱，表现出不畏艰辛、辛勤劳动、诚实劳动、创造性劳动的品质，以良好的形象做出表率，感染学生，引导学生做一名尊敬劳动、热爱劳动的好学生。

对于学生，学校应将参与劳动纳入学分管理，将劳动态度、劳动行为纳入学生实践教学课程考核、综合素质考评等评价中，激励学生更重视劳动，更积极地参与劳动，更认真地从事劳动，让学生在被动的参与中感悟劳动的快乐与意义，进而形成主动参与劳动的意识，提升劳动责任感。

（四）发挥校企合作协同育人作用，巩固劳动责任教育效果

校企合作是适应社会用人需求、培养应用型人才的有效路径。学生到企业或行业部门实习是校企合作的主要方式之一。由于大学生尚处于价值观、人生观形成的关键时期，易受环境影响，因此在实习期间加强企业或行业部门的劳动责任教育具有重要的意义。

一是要运用企业文化育人，选择文化底蕴丰厚、拥有正确的价值观、劳动观和劳动态度的企业或行业部门开展实习合作。杜绝与不尊重劳动过程、片面追求劳动效益的企业开展合作办学；杜绝与存在产品质量、劳动纠纷、信用缺失等劳动价值观缺位的企业开展合作办学。实现用文化熏陶人，用文化感染人，让学生在真正步入社会前，形成正确的企业劳动意识，拥有坚定的自信，免受不良社会风气的影响。

二是要发挥企业育人作用，加强兼职实践导师队伍建设，聘请专业技术精通、指导经验丰富、责任感强的企业或者行业部门技术人员、专家担任实践指导教师，采取"一对一"指导、培训等措施。

四、劳动安全意识

新时代新征程，我国经济社会发展对良好劳动安全环境需求更大，对劳动安全状态水平要求更高，更加需要统筹谋划、一体推进高质量发展和高水平安全，坚持底线思维、增强忧患意识，不断增强高水平安全保障。党的十八大以来，以习近平同志为核心的党中央坚持统筹发展和安全，办好发展和安全两件大事，续写了经济快速发展和社会长期稳定两大奇迹。新征程上要坚持统筹发展和安全，做到坚持发展不停步、维护安全不懈怠，实现高质量发展和高水平安全良性互动。

随着我国的高等职业教育体系日趋完善，在国家产业体系升级和人民生活质量提升方面起着不可替代的作用。高职院校的培养目标主要是为社会一线输送具有专业化的生产、管理和服务技能的高素质人才，大多毕业生都进入了基层生产制造和基础服务行业的一线，而据有关研究统计发现，新进入的高职毕业生属于安全生产事故的高发群体，其主要原因是新员工安全生产意识不强，职业安全素养有待提高，为此，高职院校要转变培养观念，把职业安全素养培育作为职业综合能力培养的重要内容，从源头上防止安全事故风险的发生。

安全是人类生存与发展的最基本要求，是生命与健康的基本保障。作为准职业人，大学生主要在生产、建设、管理和服务等一线岗位工作，无论从事哪种劳动，必须树立安全第一的意识，知道职业健康安全，做好劳动安全防护，遵守行业企业安全管理制度，严格执行岗位操作规范，在确保安全的前提下开展劳动。

（一）开展大学生安全素质培养的总体任务

尽管企业在新职工入职后，都会开展相应的安全培训教育并进行理论考试工作，但是由于在入职前缺少系统性的教育培养，很多高职院校毕业生的总体职业安全意识还不高，安全素养仍在较低水平，相关的统计数据也说明了这一点。高职学生对自身所从事的岗位安全特点没有全面的了解，不清楚或不完全掌握岗位的安全生产风险，因为高职院校学生多从事的是一线的操作岗位，如果安全意识不到位，不遵守安全生产制度，就很容易造成安全事故，且带来的危害和后果都较为严重，这就倒逼企业和高职院校要在职业安全素养教育方面下大力气。开展安全工作的首要环节是明确高职院校学生在职业安全素养培育上的总体任务目标：以系统性、专业性的培养体系为依托，从安全理念、安全知识、安全技能等方面入手，运用理论与实践相结合的方式，让学生具备良好的职业安全意识，掌握相应的安全生产理论知识，具有基本的安全生产技能和应急事件的处理能力，同时在面对应急突发情况时心理素质过硬，能够有效地进行紧急避险，在力所能及的情况下可以帮助他人脱离危险，实施一定的救助行为。总之，高职院校要为社会输送职业安全素养高、安全防护技能丰富、安全理论知识扎实、心理素质较好的高素质专业化职业人才，保证进入企业的毕业生都是"安全人"。

（二）大学生安全素质培养体系的主要内容

1. 围绕总体安全观念不断丰富安全素质培养内涵

所谓的总体安全观又称为大安全观，它的涵盖内容非常广泛，涉及生产生活的方方面面，从传统的生产领域为主要研究环境的技术性安全培育扩展到了目前在生产制造、生活服务、现代服务和应急管理等全面领域，从原有的仅注重培养员工在生产制造技术方面的安全能力到现在涵盖了生产制造、日常生活、突发应急事件中所需要的不同类型和特点的安全能力培养，突出了全民安全意识形成、全民安全素质提升和全民安全培养体系的构建。它的总体内容包括安全意识建立、安全素质养成、安全知识掌握、自我保护和救助他人的能力、应急心理素质、安全技能锻炼等多个方面。高职院校在搭建职业安全素养体系时不能仅局限于某一专业岗位上教育培训，更应以大安全观为指导，融入总体的安全理念，因材施教，分类指导。

2. 以行业为突出重点，构架职业安全素养培育体系

高职院校的培养目标主要是为不同行业输送具备一定的理论素养和较高的专业技能的青年人才，它们的需求端多为一线的生产服务业，其行业化特点非常突出，因此在职业安全素养培育体系的构建上，必须坚持分类施策，突出行业自身的安全生产特色。例如机械制造、冶炼化工、建筑工程、机电装配等行业的安全培育主要在操作技能的提升上，而在酒店、旅游、餐饮等行业，则侧重于服务能力的提高。因为不同行业需要的生产方式和劳动力组合形式有较大差异性，其内在的职业危险要素呈现多样化，对大学生安全素养的要求也不尽相同，所以高职院校就要紧密结合行业特色开展针对性的安全素质教育，总体来说要突出以下几个层次的内容。

一是要对行业内涉及的安全知识进行全面的培训教育。行业不同，涉及的专业化技能也有差别，因此对应的安全管理知识理论就要深入去掌握，明确安全知识结构，理解相关的安全知识要点。建筑行业就要对现场施工管理中的工艺操作、机械设备使用方面进行重点的安全培训，化工行业应对化工原料的化学物理特性、化学工业设备的运行原理进行着重的培训。

二是行业运行过程中潜在风险内容的讲授指导。各行业的专业技术应用有差异，因此技术运行中存在的潜在风险也较为不同，不过在风险管理思维和理念上要有一个统一的认识，重点在于让学生拥有一定的风险预判能力，具有风险识别、安全防范的意识，掌握初步的风险控制方法，能对基础的风险危害程度做出一定的评估。

三是对突发事故发生的应急处理相关知识的培训教育。不同行业的应急事故出现的征

兆、过程和后果都有差别，对一些常见的以及重大的紧急事故应急处理知识要进行相应的教育培训，涉及易燃易爆行业的，应对该专业学生加强相关的火灾、有毒有害物质泄漏等突发情况的应对知识的教育，建筑业应当对防止坠落和高空坠物等知识进行培训。

四是结合一定的实际案例进行培训教育。案例教学能够把枯燥乏味的安全理论知识更为生动地表达出来，加深学生的记忆，提高他们的学习主动性，使他们能够及时发现一些常见的安全隐患，提前采取相应措施。

（三）大学生安全素质培养的方法

学校要结合专业特点和行业特色，以学生为中心，联系实际开展多样的安全素质培养教育，具体包括以下几个方法。

1. 安全基础理论讲授

理论教学是技能提升的前提，安全生产理论和大安全观的理论知识涵盖范围广、内容多，因此要适当地开设安全知识的公共课和专业课，如安全生产公共课配套不同行业的安全专业课。公共课教学的主要目的在于让学生树立起职业安全的意识，初步形成安全管理总体的理论架构，普及相应的安全知识，对不同行业的安全生产有基本的概念认识；专业课的开设的目的是让学生在已经建立起基本概念的基础上，进一步深入了解与行业特色有关的职业安全知识，以大安全观为主线构建起相关联的岗位安全知识架构，如化工企业生产安全教育就应加入《化工安全技术》《安全系统工程》等课程。

2. 结合实习训练提升职业安全素养

高职院校教学的特色之一在于社会实践与企业实习的开展，这是学生进入职业生涯的必备环节和关键步骤。要开展多样化的安全事件应急演练活动，结合行业的特性进行针对性的安全实践操作训练。这样一方面让学生对安全理论知识有更牢固的记忆，另一方面可以让学生把学到的书本知识与社会实际相结合，提升实践技能，做到学与练的有机结合。

3. 营造良好校园安全文化环境

要使安全意识、安全观念和安全习惯更好地在学生群体中贯彻落实，要营造人人关心安全、人人学习安全、人人践行安全的良好校园安全文化氛围；加强安全观念、安全思维、总体安全、岗位安全的理念和知识的宣传；举行形式多样、内容丰富的安全文化宣传教育活动，例如邀请公安、消防、应急管理、卫生救援等专业性的安全处理和防范机构的专家来学校开展安全知识讲座，同时进行一些安全事故防范处理、安全设施使用的实际演练，结合特定事例与案件，将不同情况下需要注意的安全要点讲解清楚；利用图片、视频、广播等方式广泛地宣传应急技能、逃生自救技能和人员急救技能等，让学生能在潜移默化间树立良好的职业安全意识，掌握较为基础的安全防护技能，多层次、多角度构建全方位的校园安全文化环境。

4. 借助先进的信息技术开展教学

高职院校应积极拥抱现代信息技术，将以互联网技术为引领的新型多媒体教学模式应用到职业安全教育课程当中,开展形式新颖、内容广泛的宣传教学活动。例如通过网络公开课让学生参与到职业安全知识与技能教学的大讨论中,利用社交平台的公众号每天分享一个安全防护的小技巧,举办网络安全知识竞赛、安全知识大讲堂,将科技化程度较高的先进安全生产技术向学生普及,宣传互联网在安全生产中的积极作用,引导学生运用先进技术去提升自己的职业安全素养。

(四) 加强大学生安全素质教学工作的对策建议

1. 完善课程体系,丰富相关安全教育内容

在专业课程的设计上,应当结合总体安全理念的思想,结合自身的行业安全特点,优化完善培养课程体系结构,把行业中需要重视的安全知识以及技能要素融入课程体系中,特别是高危性质的行业,如电力、化工、核工业、路桥和建筑业等,应加入现场作业安全技术和自身安全防护类课程。

2. 建立健全学生安全素质教学体系评估机制

建立相应的学生职业安全素质课程教学评估机制,科学设置相应的考核指标,不仅能督促老师的教学工作,同时也能对学生的学习效果有较为全面地反馈。评估体系要根据不同年级、不同专业的特点设定相应的定量化和定型化指标,使其更加科学全面,并可以根据评估结果有针对性地巩固培训和提升,以提高学生安全素养。

3. 积极开展校企安全教学合作

深化教学改革,探索校企联合的教学模式,以项目化和订单式教学方式为基础,不断创新联合教学的新模式,运用先进的教学方法,让企业的相关人员能够现身说法,介入到课堂安全教育的全过程,让学生能够把课堂上的理论知识和企业的实际运行情况相融合。此外,要邀请企业专业人员设置相应的安全事故情境,引导帮助学生进行情境学习,掌握相关的安全技术操作要领、注意事项和规范步骤。

高职院校要绷紧安全教育这根弦,切实做好学生在校期间的职业安全教育,围绕安全理念、行业岗位安全知识、公共安全理论和专业安全技能等方面,建立完善的安全素质教学评估体系,以大安全观统领安全教学体系建设,全面增强学生的职业安全素养,为社会输送优良的专业人才。

第四章

新时代大学生劳动实践

第一节 家务劳动

父母是孩子成长的第一任老师,家庭的教育方式对其产生最深刻、最直接的影响。家长的行为方式对学生的劳动价值观形成与劳动习惯养成影响深远。家庭对劳动重要性、劳动教育的忽视导致了部分大学生存在劳动意识薄弱、劳动独立性缺乏等问题。因此进行家务劳动实践,帮助大学生建立正确的劳动观念,家校合作共同培育大学生养成热爱家务劳动、自我服务、自我管理的习惯,共同帮助学生树立正确的劳动价值观。

幸福是人类终极目标,家的幸福离不开每一个家庭成员的努力。家庭作为社会最小的单位,维系和发展都离不开家务劳动,而家务劳动是每个家庭最基本的劳动方式,推动着每个家庭的发展。苏霍姆林斯基认为,"劳动教育能够使青少年身上潜在的自然天赋充分表现出来,是青少年精神充盈与幸福感提升的重要源泉,也是青少年参与社会实践的有力训练手段。"

> **案例4-1:5万元家务劳动补偿到底补偿什么?**
>
> 来自中国妇女报全媒体的报道:近日,北京市房山区法院适用民法典新规定,审结一起离婚家务补偿案件,引发社会热议。全职太太王某因婚姻期间承担大部分家务,在离婚诉讼中要求家务补偿。最终,法院判决其与丈夫陈某离婚,同时判决陈某给付王某家务补偿款5万元。据了解,王某已经提起上诉。
>
> 《中华人民共和国民法典》第1088条规定:"夫妻一方因抚育子女、照料老年人、协助另一方工作等负担较多义务的,离婚时有权向另一方请求补偿,另一方应当给予补偿。具体办法由双方协议;协议不成的,由人民法院判决。"
>
> 《中华人民共和国民法典》第1088条是关于对家务劳动价值进一步予以认可的规定,是在《婚姻法》第40条的基础上进行的修改,取消了离婚经济补偿只在约定财产制下适用的规定,将经济补偿范围扩大到法定财产制和约定财产制同样适用,增加了补偿的具体办法"由双方协议;协议不成的,由人民法院判决"的规定,以当事人自行协商决定为先,贯彻私人事务领域的自治原则。

一、家务劳动的概念

家务劳动是指家庭成员在日常的家庭生活中必须从事的一种无报酬的劳动,包括洗衣做饭、照看孩子、购买日用品、清洁卫生、照顾老人或病人等。在不同的文化和不同的社会中,日常家务劳动的分工情况有所不同。

(一)家务劳动的主要内容

在家庭环境中学会日常生活自理,做好个人清洁卫生,主动分担家务,加强家政学习,主要涉及衣、食、住、行、管五方面,见表4-1。

表4-1 家务劳动的主要内容

主要家务	家务内容	相关科目
衣	主要指清洗个人及家庭成员衣物、熨烫收纳衣物、为个人及家庭成员规划出席不同场合搭配服装等	社交礼仪
食	主要指中式烹饪中的冷菜和热菜,能够为自己和他人做几道营养、搭配合理的菜	营养学
住	主要指家用物品的使用与日常维护、家庭生活环境布置与美化,以及家庭劳动过程中的安全保护等,如常用家具、电器的使用与维护,水、电、煤气、灯具、网络的检测与维护,急救与安全保护等	园艺、消防
行	主要指家庭交通工具维护、家庭出行规划制订、家庭出行安全保护等,如自行车、汽车的维护,每日工作学习出行规划,短期出游规划,以及出行的安全保护等	旅游管理
管	主要指个人卫生清洁与管理、照顾家庭成员、家庭理财等	家庭养护、金融理财

发挥家庭在劳动教育中的基础作用,培养学生自觉、自愿进行家务劳动的习惯,传承良好家风,养成良好劳动品质。以"衣、食、住、行、管"五方面内容为载体,创造机会让学生在家庭生活中主动承担自己力所能及的家务劳动,提高生活自理能力,培养其主动承担家务劳动的品格,了解作为家庭成员所要承担的必要责任和义务。

(二)家务劳动的重要意义

家庭是命运相关的共同体,是同甘共苦的社会生活组织,更是"劳动创造一切"观念得以形成和巩固的基础。日常家务劳动是家庭生活的重要内容,对家庭成员和整个家庭而言都具有重要意义。参与日常家务劳动有助于家庭成员掌握必要的家务劳动技能;有助于家庭成员沟通交流、增进理解,增强家庭责任感;有助于形成良好的家风、家教,促进家庭幸福、和谐;有助于家庭成员形成正确的劳动观念。

就像职业劳动创造社会财富一样,家务劳动也创造生活价值,使家庭生活更为便捷、舒适、整洁、温馨、美好。家务劳动还让我们有更多机会锻炼自己的动手能力，掌握独立生活的本领。和家人一起做家务，可以让我们更真切地理解家人的辛劳，增进与家人的感情。

二、主题实践

（一）主题实践"衣"

14 岁的小 A 以 600 多分考入我校，可谓神童，可神童也有不神奇的地方，他一点生活常识都没有，甚至连鞋子和衣服要分开洗都不知道。某天他向宿舍中的你们求助说要去参加一个面试，衣服皱巴巴还被染色了。请你作为宿舍长带领宿舍成员一起帮帮他。

学生以宿舍为单位分组，学习衣物洗护知识及面试着装穿搭，打造一个全新的小 A。

小组按照衣物洗护知识、面试着装礼仪的知识收集整理制作 PPT，选派一位同学代表发言，完成小组拓展记录表，见表 4-2。

表 4-2　小 A 改造记

组名		小组代表	
小组成员			
改造前后对比图			
知识来源			
总结分享			

（二）主题实践"食"

"早上吃饭了吗？按时睡觉了吗？"中午妈妈给我打来了电话，妈妈的声音一出我就控制不住地想家，鼻腔里仿佛出现妈妈做的美味饭菜的味道。挂了电话准备自己也学着妈妈的样子做家乡菜。

学生以宿舍为单位分组，通过网络途径学习营养学知识并以一家四口成年人为基础，设计一餐营养丰富的中秋节午餐家宴。

小组按照营养学知识、节日风俗礼仪的知识收集整理制作 PPT，选派一位同学代表发言，完成小组拓展记录表，见表 4-3。

表 4-3　家宴

组名		小组代表	
小组成员			
营养午餐详单			
知识来源			
总结分享			

（三）主题实践"住"

假期回家躺在自己的小床上用手机刷短视频，突然看到收纳教学视频，一抬头发现房间被自己搞得乱七八糟,"一屋不扫何以扫天下"突然从脑子里跳出来,决心好好整理整理自己的房间。

学生以宿舍为单位分组,了解书桌和衣柜的空间安排,整理书桌和衣柜,拍摄记录。

小组讨论评出组内收纳整理得最好的同学,成为本组的发言代表,完成小组拓展记录表,见表4-4。

表4-4 整理书桌和衣柜

组名		小组代表	
小组成员			
收纳整理效果图			
知识来源			
总结分享			

(四)主题实践"行"

电视剧《去有风的地方》一播出,掀起了一股云南旅游热,你也打算和家人一起去体验云南的风光,请你为自己和家人设计一份旅行计划,从衣、食、住、行四个方面来安排一个七日游旅行计划。

学生以宿舍为单位分组,设定一个随意出发地到云南的旅行计划,包含经费支出、天气、衣食住行、应急预案。

小组分工整理收集并制作PPT,选派一位同学代表发言,完成小组拓展记录表,见表4-5。

表4-5 旅行计划

组名		小组代表	
小组成员			
旅行计划详案及应急预案			
知识来源			
总结分享			

(五)主题实践"管"

家是我们日常生活中最常出现的场景。作为人们活动最为频繁的场所,家中的大小物品或者是财务状况难免不会出现问题,因此对家庭资产进行管理,对维持家庭合理开支有重要作用。

学生以宿舍为单位分组,收集总结现阶段最实用的3个存钱方法,选择一个最优方案进行研讨。

小组分工整理收集并制作PPT，选派一位同学代表发言，完成小组拓展记录表，见表4-6。

表4-6 最优存钱法

组名		小组代表	
小组成员			
最优存钱法			
知识来源			
总结分享			

第二节 校园劳动实践

一、垃圾分类

垃圾分类不仅是民生问题，也是社会主义生态文明建设的重要一环，体现着一个国家的社会文明程度。学校作为大学生劳动教育的主阵地，为社会主义建设培养德智体美劳全面发展的合格接班人。高校推行垃圾分类，对于培养高素质的社会人才，创建文明、和谐、环保、美丽校园等具有十分重要的意义。

垃圾一般可分为四大类，即可回收物、厨余垃圾、有害垃圾和其他垃圾，如图4-1所示。

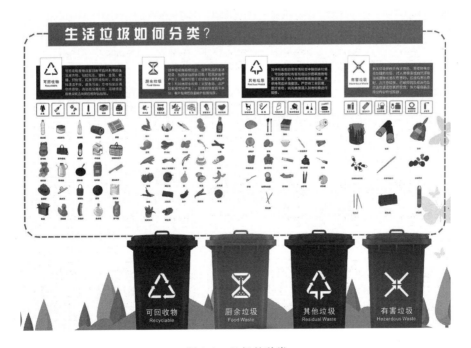

图4-1 垃圾的种类

1) 可回收物主要包括废纸、玻璃、塑料、金属和布料。

2) 厨余垃圾主要包括剩菜剩饭、骨头、菜根菜叶、果皮、蛋壳等。

3) 有害垃圾主要包括含有对人体健康有害的重金属、有毒的物质或者对环境造成现实危害或者潜在危害的废弃物，包括电池、荧光灯管、灯泡、水银温度计、油漆桶、过期药品等。

4) 其他垃圾主要包括砖瓦陶瓷、渣土、瓷器碎片、卫生间废纸等难以回收的废弃物等。

学校和个人应当按照规定的时间、地点，使用符合要求的垃圾袋或者容器分类投放生活垃圾，不得随意堆放、抛弃、倾倒生活垃圾。分类收集流程如下：

1) 学生公寓宿舍分类收集流程。将厨余垃圾滤出水分后装袋投放至室外厨余垃圾桶；其他类别垃圾分类装入相应垃圾袋中，并就近投放到室外相对应的分类桶内。后勤负责将厨余垃圾桶内的垃圾在规定时间运至固定的垃圾集中装运点，分类收集清运。

2) 教学楼分类收集流程。学院安排学生清扫，将垃圾按类分别投放到固定的垃圾桶中。

3) 校园公共区域及学院垃圾分类收集流程。公共区域按片区划分，由负责日常打扫的学生收集垃圾，并由保洁人员将垃圾箱中的其他垃圾、可回收物及有害垃圾通过分类收集车进行收集，运送到固定垃圾堆放点进行分类投放，后勤安排车辆分类清运。

二、公共环境

校园环境作为大家学习生活的公共场所，应该被大家共同维护。

维护校园公共环境，可以按照以下规范去做：

1) 以爱护校园为己任，自觉维护校园的清洁卫生，不随意乱扔纸屑。
2) 爱护校园花草树木，不任意践踏草坪，不攀花折枝。
3) 爱护学校资源，随手关闭电灯、电源。
4) 爱护校园内的体育设施及卫生工具，不损坏。
5) 养成勤俭节约的美德，减少浪费，减少垃圾。
6) 保持教室、宿舍、校园整洁优美。
7) 举止文明，说话和气。

三、寝室美化

寝室是大学生生活和学习的场所，除上课外，同学们大部分时间是在寝室度过的，积极、健康、舒适的寝室环境对大学生成长有着重要的作用。寝室美化可从寝室文明行为及寝室制度等方面开展。

1. 寝室美化

干净整洁的寝室会给大学生创造一个舒适的环境,有利于大学生的身心健康。寝室美化应做到:布置整洁、大方;协调统一,有美感;能展示寝室成员的动手能力;有一定的生活品位,有文化内涵,主题鲜明,能体现校园特色、专业特色。

2. 文明行为

寝室成员互相监督提醒,注意文明行为习惯的养成与保持,树立当代大学生良好的精神文明形象。每位同学都要把寝室当成自己的家,在寝室内不乱扔垃圾,认真做好值日;保持个人卫生,不给他人带来麻烦;相互关心,团结友爱。

3. 寝室制度

寝室排出值日表并张贴,根据寝室情况,选取室名、拟定室训、选定室歌,依据寝室文明公约及学校通知精神制定并张贴室规;做到寝室整体学习氛围浓厚,生活作息健康有序。

四、勤工助学

(一)勤工助学的概念

勤工助学是指在校大学生在学校的组织下,利用课余时间,通过自己的劳动取得合法报酬的一种社会实践活动。勤工助学是贯彻教育与生产劳动相结合原则的一种教育经济活动。勤工助学对于推进素质教育、构建新的人才培养模式、促进学生成长成才有着重要意义。

(二)勤工助学的内涵

勤工助学中的"助学"有两重意义:一是"资助学习";二是"帮助学习"。勤工助学是学校学生资助工作的重要组成部分,也是提高学校学生综合素质和资助家庭经济困难学生的有效途径。

(三)勤工助学的意义

勤工助学是大学生社会实践的形式之一。勤工助学不仅可以帮助解决学生的经济困难,而且具有重要的育人意义。

1. 促进大学生思想政治素质的提高

大学生处在世界观形成的关键时期,通过勤工助学的社会实践方式,大学生能够更全面地认识社会的发展,深入了解我国的基本国情,深入了解国家改革发展的伟大成就,增强社会责任感和爱国情怀。

2. 促进大学生业务素质的提高

勤工助学的过程,是大学生提高能力、增长知识的过程。这主要体现在三个方面:一是知识结构的补充;二是知识领域的拓展;三是知识层次的提升。

学校教育不能涵盖所有的内容。最新、最生动的知识往往会随着社会的发展及时更替,勤工助学可以帮助大学生从丰富的现实生活中学习、体验真知,实现知识和能力的提升。

勤工助学的岗位能够为大学生提供一个提升业务素质的舞台,其工作内容一般与学生所学的专业相关,从而促进理论与实践相结合,促进校园与社会相结合。

3. 促进大学生自立能力的培养

勤工助学活动不仅可以增强大学生的劳动观念,还有助于他们在劳动中养成吃苦耐劳、勤俭节约的生活习惯,提高自我管理和独立生活的能力,逐渐形成独立思考问题、分析问题和解决问题的习惯。

4. 促进大学生心理健康的发展

勤工助学可以有效减轻学生因为经济困难而产生的心理压力,成为促进学生心理健康发展的有效途径。具体来说,勤工助学可以提高学生的自立自强意识和心理承受能力,帮助学生正确认识自我,提高人际交往能力,提高社会适应能力和学习能力,形成积极向上的态度,消除自我封闭、偏激和焦虑的心理。

5. 促进大学生的社会化

大学生通过勤工助学活动,进一步扩大人际交往面,可以接触到社会的各个层面,有利于正确认识自我,加速社会化进程。

6. 促进大学生求职竞争力的提高

大学生通过勤工助学活动可以提前了解社会对人才的需求,找出自身的不足,可以采取针对性的措施,提高求职竞争力,为毕业后找工作打好基础。

(四)校园勤工助学实践

在对学生的调查中,学生认为勤工助学有助于提高自身综合素质,实现自我发展。在实践过程中反映出当代大学生服务社会、奉献社会,在实践锻炼中培养自己的责任意识。学生利用课余时间参加的校园勤工助学实践见表4-7。

表4-7 学生利用课余时间参加的校园勤工助学实践

地点	劳动内容
食堂	到食堂帮忙收拾餐具、打菜、洗碗
超市	到超市帮忙整理货物、清洁、销售
图书馆	到图书馆帮忙整理图书
快递站	到快递站帮忙整理快递
水果店	到水果店帮忙切水果、整理、销售

第三节 志愿服务活动

志愿服务不单是单方面的施予,也不是只有拥有大量空闲时间并有一定物质基础的人才能参与的,而是每个人都可以参与的一种公益活动。我们要对参与志愿服务工作有一个全面而正确的认识。

> **案例 4-2：奋斗的青春最美丽，奉献的青春最动人**
>
> 大学生志愿服务西部计划是由共青团中央、教育部等部委联合实施的一项青年人才工程。据共青团中央公布数据，自 2003 年启动以来，西部计划累计已招募 41 万名高校毕业生和在读研究生，投入全国 2100 多个县（市、区、旗）基层服务。
>
> 到西部去，到基层去，到祖国最需要的地方去，这是一批批大学生选择参加西部计划的质朴初心。2020 年 5 月，华南理工大学研究生支教团队员李莎，在返回广西龙胜各族自治县马堤乡东升村支教学校途中，因交通事故罹难。如今，东升村孩子们还心心念念这位支教老师，还记得她说的话："我理应到祖国最需要的地方，贡献出自己的一份看似渺小却足够坚定的力量。"
>
> 奋斗的青春最美丽，奉献的青春最动人。从下定决心，到适应基层，西部计划志愿者走出校门后，需要经历自然环境、饮食习惯等众多考验。2021 年 8 月初，云南农业大学毕业生王彪来到青海省玉树藏族自治州杂多县第二民族中学支教。青藏高原的气候让在河北唐山出生长大的王彪有些"扛不住"。"这里特别干，特别冷，气温经常到零下 20 摄氏度；海拔超过 4000 米，高原反应让人彻夜难眠。"如今王彪逐渐学会在地上泼水，尽可能湿润空气，习惯羽绒服外面再披上厚厚大衣，"看着满眼求知欲的孩子，什么困难都能克服"。

一、志愿服务基础知识

联合国教科文组织将志愿服务定义为：志愿服务是一种利他行为，是指人们在正式（非私人）场合中，在一段时间内自愿、无偿地奉献自己的时间和专业技术。

国务院颁布的《志愿服务条例》于 2017 年 12 月 1 日正式实施。这是我国第一部关于志愿服务的专门性法规。《志愿服务条例》明确指出，志愿服务是指志愿者、志愿服务组织和其他组织自愿、无偿向社会或者他人提供的公益服务。

志愿服务有自愿性、无偿性、公益性和组织性四个基本特征。

1. 自愿性

志愿服务必须是个人自愿参加的。这个自愿是主动的而不是被动的，是自觉的而不是被迫的。相关组织可以通过各种方式动员志愿者，但应该让每个志愿者都在没有任何压力的情况下自愿投入志愿服务。

2. 无偿性

无偿性是指志愿服务属于无偿行为。志愿服务的提供者从事志愿服务行为，不得向志愿服务对象收取或者变相收取报酬,包括金钱、物质交换或礼物馈赠等形式。但是,志愿服务组织为志愿者提供交通补贴和午餐补贴等并不影响志愿服务的无偿性。

3. 公益性

公益性是指志愿服务必须指向公共利益。根据志愿服务的公益性,营利行为不属于志愿服务。偶发的帮助行为、基于家庭或友谊的帮助行为、仅仅针对特定个人的帮助行为和互益互助的行为也不属于志愿服务。

4. 组织性

志愿服务具有组织性,可以采取社会团体、社会服务机构、基金会等组织形式开展志愿服务,可反映行业诉求,推动行业交流。

二、志愿者的自我修养

志愿精神的核心是服务、团结的理想和共同使这个世界变得更加美好的信念,从这个意义上说,志愿精神是人文精神的最高级表现形式。

志愿服务的精神概括起来是奉献、友爱、互助、进步。

1. 奉献

奉献原指恭敬地交付、呈献,即不求回报地付出。奉献精神是高尚的,是志愿服务精神的精髓。志愿者在不计报酬、不求名利、不要特权的情况下参与推动人类发展、促进社会的活动,都体现着高尚的奉献精神。

2. 友爱

志愿服务精神提倡志愿者欣赏他人、与人为善、有爱无碍、平等尊重,这便是友爱精神。志愿者之爱跨越了国界、职业和贫富差距,是没有文化差异,没有民族之分,没有收入高低的平等之爱,它让社会充满阳光般的温暖。

3. 互助

志愿服务包含着深刻的互助精神,它提倡"互相帮助、助人自助"。志愿者凭借自己的双手、头脑、知识、爱心开展各种志愿服务活动,帮助那些处于困难和危机中的人们。志愿服务者以"互助"精神唤醒了许多人内心的仁爱和慈善,使他们付出所余,持之以恒地真心奉献。

4. 进步

进步精神是志愿服务精神的重要组成部分。志愿者通过参与志愿服务,使自己的能力得到提高,同时促进了社会的进步。

志愿者服务的社会价值在于传递爱心,传播文明,建立和谐社会,促进社会进步。对志愿者个人而言,志愿者服务的价值在于奉献社会,丰富生活体验,获得学习的机会。对服务对象而言,志愿者服务的价值在于接受个人化服务,帮助融入社会,增强归属感。

三、参与志愿服务活动

《中国注册志愿者管理办法》规定：团组织、志愿者组织根据服务对象的需求，向注册志愿者发布服务信息、提供服务岗位，志愿者按照相关要求开展志愿服务。注册志愿者也可以按照相关规定自行开展志愿服务。

（一）志愿者的基本条件

共青团中央、中国青年志愿者协会颁布新修订的《中国注册志愿者管理办法》。其中，对注册志愿者的基本条件作了如下规定：

1）年满十八周岁或十六至十八周岁以自己劳动收入为主要生活来源者；十四至十八周岁者，须经其法定代理人同意；未满十八周岁的在校学生申请注册的，按所在学校有关规定办理。

2）具备参加志愿服务相应的基本能力和身体素质。

3）遵守国家法律法规和注册机构的相关规定。

（二）志愿者应具备的基本素质

1）每名注册志愿者根据个人意愿至少选择参加一个志愿服务项目或活动，每年参加志愿服务时间累计不少于 20 小时。遵守国家法律法规及团组织、志愿者组织的相关规定。

2）在志愿者职责范围内，自觉维护服务对象的合法权益，履行志愿服务承诺，完成志愿服务任务，传播志愿服务理念

3）自觉维护团组织、志愿者组织和志愿者的形象。自觉抵制任何以志愿者身份从事的赢利活动或其他违背社会公德的活动（行为）。

（三）激励及表彰

在大学学段实行学生志愿者星级认证制度。志愿者注册后完成志愿服务达到累计时间，认定为一至五星志愿者。自大学学段以来参加志愿服务时间累计达到 100、300、600、1000、1500 小时的，分别认定为一至五星志愿者。星级认证制度由省级团委、志愿者协会组织实施。星级志愿者认定后，可由相关注册机构在其注册证上进行标注，并佩戴相应标志。

同时，共青团中央、中国青年志愿者协会定期组织开展中国青年志愿者优秀个人奖、组织奖、项目奖评选表彰活动。志愿星级认定见表 4-8。

表 4-8 志愿星级认定表

志愿者	服务时间累计	星级
志愿者注册后参与志愿服务	服务时间累计 100 小时	一星志愿者
	服务时间累计 300 小时	二星志愿者
	服务时间累计 600 小时	三星志愿者
	服务时间累计 1000 小时	四星志愿者
	服务时间累计 1500 小时	五星志愿者

(四）学生志愿服务要遵循自愿、公益原则

学生志愿服务内容主要包括普及文明风尚志愿服务、送温暖献爱心志愿服务、公共秩序和赛会保障志愿服务、应急救援志愿服务以及面向特殊群体的志愿服务等。学生志愿者在志愿服务过程中要弘扬"奉献、友爱、互助、进步"的志愿精神。

(五）中国青年志愿者协会图标及志愿项目

1994年2月24日，共青团中央向全社会发布了"心手标"，作为中国青年志愿者的统一标志，如图4-2所示。《中国青年志愿者标志基本规范》明确"心手标"是经团中央批准的中国青年志愿者和青年志愿者组织的象征和标志，对其使用规范、管理要求、监管责任、制作标准等做出了规定；明确团中央和中国青年志愿者协会对"心手标"拥有著作权和注册商标专用权，强调"心手标"禁止任何形式的商业目的使用或其他不当使用。

图4-2 中国青年志愿者标志"心手标"

"心手标"广泛应用于大型赛会、扶贫支教、应急救援、海外服务等志愿服务场景，成为最受志愿者欢迎、传播最为广泛、最具影响力和标志性的中国志愿服务文化符号，生动诠释了"奉献、友爱、互助、进步"的志愿精神。

中国青年志愿者协会同时发布了《中国青年志愿者标志（"心手标"）应用场景规范示例2020版》，为"心手标"在志愿者服装、装备、工作站、室外展示等主要应用场景的呈现提供了便捷使用的规范示例。"规范示例"将聚焦志愿服务各主要场景和青年需求定期发布，2020版由中国青年志愿者协会委托中国美术学院研发。中国青年志愿者支援项目见表4-9。

表4-9 中国青年志愿者支援项目

项目名称	项目内容
关爱行动	共青团关爱农民工子女志愿服务行动。组织广大青年志愿者在全国城乡广泛开展学业辅导、亲情陪伴、感受城市、自护教育、爱心捐助等内容的志愿服务，为农民工子女提供切实有效帮助
西部计划	西部计划是国家重大人才工程"高校毕业生基层培养计划"的子项目，是引导和鼓励高校毕业生到基层工作的5个专项之一 西部计划按照服务内容分为基础教育、服务三农、医疗卫生、基层青年工作、基层社会管理、服务新疆、服务西藏7个专项
阳光行动	7月6日是"全国志愿助残阳光行动主题日" 以"心手相牵 共享阳光"为主题，以残疾青少年为主要服务对象，围绕日常照料、就业支持、支教助学、文体活动、爱心捐赠等方面，开展丰富多彩的助残志愿活动
海外计划	"中国青年志愿者海外服务计划"是2002年由团中央、商务部发起实施的长期重点项目，主要是根据受助国的实际需求，通过公开招募、自愿报名、集中选拔、集中培训和分别派遣的方式，派遣优秀中国青年志愿者赴受助国开展中长期志愿服务，服务领域集中在"汉语教学、体育教学、医疗卫生、信息技术、农业技术、土木工程、工业技术、经济管理、综合培训、社会发展"等方面

(续)

项目名称	项目内容
暖冬行动	面向春运旅客的普遍性需求和老幼病残孕等重点旅客群体，依托火车站、机场、道路客运站、港口码头、高速公路服务区等场所，重点围绕五个方面开展服务：引导咨询、秩序维护、重点帮扶、便民利民、应急救援
节水护水行动	以志愿服务的方式，深入学校、社区、企业、乡村等地，广泛开展水利公益宣传服务、人人节水行动、河湖环境清理保护等节水护水志愿服务活动。具有水利知识和专业技能的人员可结合实际创新服务内容，深入开展水安全知识普及、节水护水宣讲、水生态修复实践、水环境社会调查等活动

第四节　社会实践

一、社会实践的概念和意义

（一）社会实践的概念

广义的社会实践是指人类认识世界、改造世界的活动的总和。狭义的社会实践是指学生的假期实习或校外实习。

（二）社会实践的意义

1. 有助于大学生了解国情、了解社会，增强社会责任感和使命感

当代大学生的知识基本来源于书本理论，而社会实践的过程为大学生更好地了解国情、了解社会，增强社会责任感和使命感提供了一扇理论与实践相结合的窗口。

2. 有助于大学生正确认识自己，对自身成长产生紧迫感

通过广泛的社会实践活动，能让学生看到自己和市场需求之间的差距，看到自身知识和能力上存在的不足，客观地去重新认识、评价自我，完善自我。

3. 有助于大学生对理论知识的转化和拓展，增强运用知识解决实际问题的能力

大学生以课堂学习为，理论知识较多，但理论知识并不代表大学生的实际技能，往往难以直接运用于现实生活之中。社会实践使大学生接近社会和生活，获得大量的感性认识和许多有价值的新知识，同时使他们能够把自己所学的理论知识与接触的实际现象进行对比，把抽象的理论知识逐渐转化为认识和解决实际问题的能力。

4. 有助于增强大学生适应社会、服务社会的能力

社会实践活动使大学生广泛地接触社会、了解社会，不断地参与社会实践活动，在实践中不断动脑、动手、动嘴，直接和社会各阶层、各部门的人员打交道，培养和锻炼实际的工作能力，并且在工作中发现不足，及时改进和提高，使之更新知识结构，获取新的知识信息，以适应社会的需要。

5. 有助于发展大学生的组织协调能力和创新意识

社会实践活动没有课堂教学中太多的束缚和校园生活的限制，学生们的积极性被充分调动起来，兴趣倍增，思维也空前的活跃，往往会产生一些创造性火花，在实践中勇于开拓、敢于创新。

6. 有助于提高大学生个人素养，完善个性品质

社会实践活动过程是考验大学生修养、品质的大环境。在社会大环境下，大学生的心性会得到磨炼；在面对实践的困难和危险时，要求大学生们具有一定的牺牲精神和坚强的品质。随着实践的增多，大学生在参与的过程中，就会渐渐养成坚韧、顽强的优良品质，养成务实的学习态度和生活作风，不断提升自我、完善自我。

二、社会实践的内容

（一）实验教学

实验教学一般与理论学习同步开展。具体来说，实验是在理论学习后，通过自主操作论证已知的理论，或是通过假设、研究、讨论，探索未知理论的过程。实验教学的开展使教学内容逐步向多层次、模块化结构转变，体现着人才培养的层次性和综合性，有利于理论教学的开展，有利于培养学生的实践能力和创新精神，也有利于形成良好的学风、严谨的校风以及培养学生求真务实的学习态度。

（二）毕业实习

毕业实习是大学生社会实践的主要途径之一，每个学生根据自己不同的专业到不同的单位实习，为即将毕业找工作打下坚实的基础。大学生可以通过毕业实习，更加了解自己的专业，在实习期间逐步熟悉工作环境，为之后找工作提供一些指导和方向。因此，毕业实习是学校人才培养计划中不可或缺的一个教学环节，也是劳动教育中重要的一部分。

1. 集中实习

集中实习，是指学校指导老师带领一个班级或一个专业集中到某企业参加实习的一种模式。这种模式使老师能有效地统一管理学生，对大学生实习的状态和态度能够及时掌握，而且大学生一起实习，也有助于大学生之间的实习经验交流，也使他们在企业劳动中学会团结合作，便于学校达到实习教学的教学目的。

2. 分散实习

分散实习相较于集中实习，更加具有灵活性，比较符合当前的实习教学环境。分散实习，可以让大学生自主选择实习单位，根据自己的专业、自己的兴趣爱好选择自己想去的企业实习，这样可以带动大学生实习的积极性。同时，分散实习是让大学生自己去找企业参加实习，可以增加学生以后找工作的能力。

（三）科技创新

大学生科技创新是指大学生利用课余时间进行自己感兴趣的科学研究、参与教师科研项目、参加各类大学生竞赛等活动。大学生科技创新是培养学生工程实践能力、科技创新能力、创新合作能力的行之有效的途径，是培养学生创新精神和实践能力的重要环节。

（四）社会调查

社会调查是社会研究的方式之一，是一个研究主体不主动影响研究客体的逻辑完整的社会研究过程。社会调查的主要方式有实地参与观察、文献回顾、文献撰写、问卷调查等。它主要通过一些方式去了解、研究、分析人类社会，揭示社会最本质的现实状况，为社会问题的解决提供参考。大学生走进社区进行社会调查，是直接参与人民生活和了解社会的重要方式。

（五）勤工助学

勤工助学活动是指在校学生通过参加社会劳动，获取一定的劳动报酬，来维持自身学业的进行与完成。从性质上来看，它既属于社会实践，又属于学习方式。

三、社会实践报告的写作方法

社会实践报告应该有以下几部分：

标题：公文式标题，即《关于……的实践报告》；观点式标题，例如《社会是大课堂，实践长真知识》。

前言：写出社会实践的参加者、实践的主题、时间、地点。

正文：写实践者根据学校要求和自己想要报告的内容，例如：活动内容，理性思考，经验体会，问题和建议。作为学生应该着重写自己的认识，特别要写出自己的体会，思考后的认识，对社会实践活动的评价。

结语：可以写出对此次活动的意见、批评或者建议。

落款：署名和报告时间。写上参加实践者的个人或小组、报告完成的时间。

要注意的是，写作时可以按以上内容构思，但行文时不用写上"前言""正文""结语""落款"等字，而要写标题，如"基本情况""主要体会""几点思考""问题和建议"等。

案例4-3：积极实践，提升自我

作为一名大一新生，对丰富多彩的大学生活充满了向往。在大学的第一个暑假里，我希望能与以往有所不同。我积极参加实践，锻炼自我，想借此培养自己的独立能力。这次实践是在饭店做服务员，实践的时间是一个月，具体工作有点菜、摘菜、洗菜、上菜、收拾餐具、刷盘子、拖地等。现将本次实践活动的有关情况报告如下：

刚开始工作时，由于缺乏实践经验，每次做事都是手忙脚乱，总是做不好。后来通过向别人虚心求教，我慢慢适应了。工作确实很累，每天上午九点开始上班，晚上十点下班，擦桌子、拖地、摘菜、洗菜、接待食客、上菜，还要查看菜的品相、刷碗，中午三个小时的休息时间。实践过程还是很充实的，首先那里有一帮和我同龄的年轻人，我们在一起工作，大家相处得很好，还可以互相学习。其次通过与食客的交流，我在人际交往方面也得到了提升。

通过这次实践，我有以下收获：

1) 在社会上要善于与别人沟通。这一个月的实践工作让我认识了很多的人，也让我了解到与别人沟通好是需要方法的。要学会融入团体，人与人合力去做事，不仅做事的过程更加顺利，而且结果也是事半功倍。

2) 在工作中要虚心求教。我刚工作时，由于没有经验，很多都不会，但我通过虚心求教，慢慢学习、慢慢成长，自己有很大进步。

3) 珍惜工作中学习的机会。在工作之余我还向厨师学习如何做菜，回家后做给家人吃，还得到了家人的夸奖。生活中、工作中，到处都是学习的机会。

实践过程中，我意识到了一些自身存在的问题：

1) 本人的人际交往能力还有待提高，在日后的日常生活、社会交际中有待加强和学习。

2) 缺乏社会经验，在为人处事方面尚还不太成熟，处理事情的态度和方法还需要学习。

通过参加本次社会实践，我认识到，积极主动向有经验的人学习，掌握一些社会礼仪的技巧是极为必要的。充分发扬本人自身的优点，取长补短，总结经验，吸取教训，使自己对将来充满信心，也为以后真正融入社会奠定坚实的基础。

学生：×××
年 月 日

四、社会实践的考核评价反馈

（一）评价原则

1. 系统性原则

大学生社会实践是一项涉及个人、学校和社会的系统工程，因此，对社会实践的评价应采取系统论的观点和方法，全面考察，保障社会实践的各个要素，使影响大学生社会实践效果的各因素、实践过程的各环节得到解决和保障，形成有机整体，以便有效控制。

2. 知行统一原则

大学生社会实践的目的在于实现理论学习和实践有机结合，用实践检验学习，从而完善学生的知识结构，提高其应用能力和创新能力。因此，大学生社会实践选题必须符合高校专业教育的人才培养目标，与专业学习、社会需求相结合。

3. 主体性原则

大学生社会实践的主体是学生，发挥学生的主观能动性应贯穿社会实践的始终。因此，凸显学生的主体性要成为社会实践评价的价值取向。在社会实践评价过程中遵循主体性原则，就是指让学生也参与评价，强化评价对象（学生）的主体意识。

4. 可把握性原则

大学生社会实践形式多样、内容丰富，因此，对大学生社会实践的评价体系（语言、数据等）要具体、明确、准确，反映出可把握性特点。评价者要对社会实践进行阶段性、真实、具体详细的考察，通过各阶段的评价材料，反映社会实践的过程，最终做出科学的评价。

（二）评价方法

综合运用形成性评价与终结性评价，动态评价与静态评价，定性评价与定量评价，学校评价、社会评价与自我评价，科学有效地评价大学生的实践活动效果。形成性评价是指对学生实践行为与效果进行日常性记录。终结性评价一般是在实践活动结束之后，对学生实践活动做出的全面评价。这种评价是以形成性评价为基础和前提，依据大量的第一手材料，因而具有较强的严肃性和科学性。静态评价是对学生社会实践的各项评价内容和指标进行的评价，对被评对象做出某种资料、资格证明，得出学生在实践活动中的评价结论。动态评价则有一个分析过程，通过分析、比较、评价，把握学生在实践过程中思想与行为发展变化的特征和轨迹。

第五节 创新创业

一、创新思维与创业

创新思维是一个相对性的概念，是相对于常规思维而言的一种思维方式。一般认为，创新思维是指在创新过程中发挥作用的一切形式的思维活动的总称。

创业在本质上是人们的一种创新性实践活动。无论是何种性质、类型的创业活动，它们都有一个共同的特征，那就是创业主体的一种能动的、开创性的实践活动，是一种高度的自主行为。

创新创业活动之所以源源不断，其根本动因是科学技术、思想观念的创新，在促进人们物质生产和生活方式的变革中，引发新的生产和生活方式，推动社会进步和发展，创造社会价值。

（一）创新创业的特征

目前，我国高校创新创业教育得到了长足发展，创新创业教育环境不断改善，认识不断深化，实践不断深入，模式不断完善。

1. 突破性

创新创业思维就是要找到解决问题的突破口，抓住问题的本质。

2. 新颖性

通过独特的视角思考问题解决问题。

3. 灵活性

创新创业思维有法但无定法。人们可以自由想象，没有固定模式。

4. 求异性

求异不是盲目标新立异，奇思异想，而是实事求是，寻求新的解决问题的办法和思路。

（二）培养大学生的创新创业思想

1. 突出创新能力的培养

注重个性发展，培养好奇心、求知欲，要独立思考，抱有探索精神、创新思维，要崇尚真知，追求真理。

2. 努力提高实践能力

利用课余时间参加一定的社会实践活动，增强学生自己对社会的了解并进而加强对社会的适应能力。

3. 加强心理素质的锻炼

有针对性地学习心理健康知识，强化心理素质，增强心理调适能力和社会生活的适应能力，预防和缓解心理问题。处理好环境适应、学习成才、自我管理、人际交往、交友恋爱、求职择业、情绪调节和人格发展等方面的困惑，提高健康水平，促进德、智、体、美、劳等全面发展。学会自我心理调适，有效消除心理困惑，自觉培养坚忍不拔的意志和艰苦奋斗的精神，提高承受和应对挫折的能力。

案例4-4：1金2银2铜！云南交通运输职业学院在第七届云南省"互联网+"大学生创新创业大赛中喜获佳绩

2021年7月26日，第七届中国国际"互联网+"大学生创新创业大赛云南赛区总决赛落下帷幕，云南交通运输职业学院荣获金奖1项、银奖2项、铜奖2项，为参赛以来的最好成绩。其中，《退休电池继续"发挥余热"》项目在金银奖争夺赛中脱颖而出，荣获职教赛道"创意组"金奖，《火塘——民族烤茶文化践行者与传播者》和《新茶马风韵——普洱茶醋，新时尚健康茶饮引领者》两个项目获银奖，《菜娃上"缆车"》和《蓝天梦工厂研学联盟》两个项目获铜奖。

本届大赛云南交通运输职业学院共有200个项目、1200余名学生报名，超过五分之一的在校生参与了比赛，参赛人数和参赛率均为历史新高。经过二级学院推荐、校级评审，并邀请专家评委对项目进行评审指导后，该校最终遴选出20个优质项目参加省赛。省赛分省级复赛（作品网评，评选铜奖）和省级决赛（路演答辩，争夺金银奖）两个阶段。最终，该校3个项目进入省赛决赛与全省506个项目同台竞技。

云南交通运输职业学院一直以来高度重视创新创业教育工作，学校领导高度关心重视此次大赛，在备赛过程中，多次关心了解备赛情况。大赛自4月份启动以来，学校通过组织文本评审、现场答辩等层层选拔，开展项目遴选工作，邀请校内外专家多轮打磨项目，提升项目质量。各二级学院、各相关职能部门充分联动，鼓励学生积极参与和实践创新创业项目，强化项目培育和孵化。

> 本届赛事聚焦"建党百年"主题，参赛青年学子在学党史、悟思想中传承基因、坚定信念、磨砺本领、实现梦想，青年学子创业项目市场潜力大、投资价值高、成长性强，充分展示了青年学子扎根大地、努力奋斗，用青春书写出新时代高校学子的使命担当。

（三）大学生创新创业的途径

1）构建个性化的学生选拔培养考核体系。建立合理的个性化学生选拔培养考核体系是创新创业教育的重要内容，它使高校教育更为系统化、规范化、科学化。同时，为我国高校进一步深化、细化教育创新理论提供了科学依据。社会经济和高等教育的发展对创新创业型人才培养提出了新要求，学校应积极更新教育观念，打破传统教育模式，要树立以适应性为核心、以个性化为特点的高等教育质量观，构建系统化、科学化、规范化的创新创业人才培养体系，不仅使学生有更大的自主选择空间，也给学生提供更多能够发挥自己潜能的创业平台。

2）加强实践活动是培养学生创新创业能力的根本途径。培养大学生创新创业能力，实践是关键。只有把课堂所学到的文化知识运用到社会实践活动中，才能使学生的创新创业能力真正得以提高。

3）重视开发利用社会教育资源，重视师资队伍建设，创新教育模式，确保创新创业教育的有效实施。

（四）大学生创新创业的意义

"创新是一个民族的灵魂，是一个国家兴旺发达的不竭动力。"青年一代，尤其是大学生，是中国最具活力的群体，如果失去了创造的冲动和欲望，而仅仅安于现状和守成，那么中华民族最终将失去发展的不竭动力。创业意识和创新精神绝不仅是希望创业的同学所应考虑的事情，即使是在其他岗位就业的大学毕业生也不该失去创新之"心"。创业是创业者通过发现和识别商业机会，成立活动组织，利用各种资源，提供产品和服务，以创造价值的过程。创业具有较高的风险，但也有较高的回报。

随着商业经济的高速发展和知识经济的迅猛来临，越来越多的大学生投入到创业的浪潮中，并取得不少成功的经验，大学生创业也因此成为热门的话题。创业是就业的另一种模式，所不同的是创业者不是被动地等待他人给自己"饭碗"（就业机会），而是主动地为自己或他人创造"饭碗"。目前，我们国家提倡和鼓励大学生自主创业，并为此出台了一系列包括工商、税务等方面的优惠政策。之所以提倡大学生创业，除了创业不失为缓解目前就业压力的一条解决途径外，更重要的是引导大学生要具有敢于开拓的创业精神。

二、新时代大学生"双创"活动

（一）国家全力支持大学生创新创业工作

2021年9月22日国务院办公厅印发《关于进一步支持大学生创新创业的指导意见》指

出,大学生是大众创业万众创新的生力军,支持大学生创新创业具有重要意义。要以习近平新时代中国特色社会主义思想为指导,全面贯彻党的教育方针,落实立德树人根本任务,立足新发展阶段、贯彻新发展理念、构建新发展格局,坚持创新引领创业、创业带动就业,提升人力资源素质,实现大学生更加充分更高质量就业。《关于进一步支持大学生创新创业的指导意见》明确提出以下几点:

1)降低大学生创新创业门槛。持续提升企业开办服务能力,为大学生创业提供高效便捷的登记服务。推动众创空间、孵化器、加速器、产业园全链条发展,鼓励各类孵化器面向大学生创新创业团队开放一定比例的免费孵化空间,并将开放情况纳入国家级科技企业孵化器考核评价,降低大学生创新创业团队入驻条件。政府投资开发的孵化器等创业载体应安排30%左右的场地,免费提供给高校毕业生。有条件的地方可对高校毕业生到孵化器创业给予租金补贴。

2)便利化服务大学生创新创业。完善科技创新资源开放共享平台,强化对大学生的技术创新服务。各地区、各高校和科研院所的实验室以及科研仪器、设施等科技创新资源可以面向大学生开放共享,提供低价、优质的专业服务,支持大学生创新创业。支持行业企业面向大学生发布企业需求清单,引导大学生精准创新创业。鼓励国有大中型企业面向高校和大学生发布技术创新需求,开展"揭榜挂帅"。

3)落实大学生创新创业保障政策。落实大学生创业帮扶政策,加大对创业失败大学生的扶持力度,按规定提供就业服务、就业援助和社会救助。加强政府支持引导,发挥市场主渠道作用,鼓励有条件的地方探索建立大学生创业风险救助机制,可采取创业风险补贴、商业险保费补助等方式予以支持,积极研究更加精准、有效的帮扶措施,及时总结经验、适时推广。毕业后创业的大学生可按规定缴纳"五险一金",减少大学生创业的后顾之忧。

4)落实减税降费政策。高校毕业生在毕业年度内从事个体经营,符合规定条件的,在3年内按一定限额依次扣减其当年实际应缴纳的增值税、城市维护建设税、教育费附加、地方教育附加和个人所得税;对月销售额15万元以下的小规模纳税人免征增值税,对小微企业和个体工商户按规定减免所得税。对创业投资企业、天使投资人投资于未上市的中小高新技术企业以及种子期、初创期科技型企业的投资额,按规定抵扣所得税应纳税所得额。对国家级、省级科技企业孵化器和大学科技园以及国家备案众创空间按规定免征增值税、房产税、城镇土地使用税。

5)落实普惠金融政策。鼓励金融机构按照市场化、商业可持续原则对大学生创业项目提供金融服务,解决大学生创业融资难题。落实创业担保贷款政策及贴息政策,将高校毕业生个人最高贷款额度提高至20万元,对10万元以下贷款、获得设区的市级以上荣誉的高校毕业生创业者免除反担保要求;对高校毕业生设立的符合条件的小微企业,最高贷款额度提高至300万元;降低贷款利率,简化贷款申报审核流程,提高贷款便利性,支持符合条件的高校毕业生创业就业。鼓励和引导金融机构加快产品和服务创新,为符合条件的大学生创业项目提供金融服务。

(二)"互联网+"大学生创新创业大赛

中国国际"互联网+"大学生创新创业大赛已经成为我国深化创新创业教育改革的重要载体和关键平台,成为覆盖全国所有高校、面向全体大学生、影响最大的高校双创盛会,多年来,围绕"更中国、更国际、更教育、更全面、更创新"的总体目标,培养了一大批有理想、有本领、有担当的源源不断的青春力量。

1. "互联网+"大学生创新创业大赛

全面深化高校创新创业教育改革、提升大学生创新创业能力、加快培养创新创业人才,纵深推进大众创业万众创新。国家鼓励各学段学生积极参赛,形成创新创业教育在高等教育、职业教育、基础教育、留学生教育等各类各学段的全覆盖,打通创新创业人才培养各环节,提升高等教育新时代引领力。

案例4-5:第八届中国国际"互联网+"大学生创新创业大赛职教赛道的具体工作方案

第八届中国国际"互联网+"大学生创新创业大赛设立职教赛道,推进职业教育领域创新创业教育改革,组织学生开展就业型创业实践。具体工作方案如下。

一、参赛项目类型

(一)创新类:以技术、工艺或商业模式创新为核心优势。

(二)商业类:以商业运营潜力或实效为核心优势。

(三)工匠类:以体现敬业、精益、专注、创新为内涵的工匠精神为核心优势。

二、参赛方式和要求

(一)职业院校(包括职业教育各层次学历教育,不含在职教育)、国家开放大学学生(仅限学历教育)可以报名参赛。

(二)大赛以团队为单位报名参赛。允许跨校组建团队,每个团队的参赛成员不少于3人,不多于15人(含团队负责人),须为项目的实际核心成员。参赛团队所报参赛创业项目,须为本团队策划或经营的项目,不得借用他人项目参赛。

三、参赛组别和对象

本赛道分为创意组与创业组。

(一)创意组

1. 参赛项目具有较好的创意和较为成型的产品原型、服务模式或针对生产加工工艺进行创新的改良技术,在大赛通知下发之日前尚未完成工商等各类登记注册。

2. 参赛申报人须为团队负责人,须为职业院校的全日制在校学生或国家开放大学学历教育在读学生。

3. 学校科技成果转化项目不能参加本组比赛(科技成果的完成人、所有人中参赛申报人排名第一的除外)。

（二）创业组

1. 参赛项目在大赛通知下发之日前已完成工商等各类登记注册，且公司注册年限不超过 5 年（2017 年 3 月 1 日及以后注册）。

2. 参赛申报人须为企业法定代表人，须为职业院校全日制在校学生或毕业 5 年内的学生（即 2017 年之后的毕业生）、国家开放大学学历教育在读学生或毕业 5 年内的学生（即 2017 年 6 月之后的毕业生）。企业法人在大赛通知发布之日后进行变更的不予认可。

3. 项目的股权结构中，企业法定代表人的股权不得少于 1/3，参赛团队成员股权合计不得少于 51%。

四、奖项设置

（一）本赛道设置金奖 50 个、银奖 100 个、铜奖 350 个。

（二）获得金奖项目的指导教师为"优秀创新创业导师"（限前五名）。

五、其他

案例 4-6：第八届中国国际"互联网＋"大学生创新创业大赛职教赛道创业计划书评分细则（见表 4-10）

表 4-10　职教赛道创业计划书评分细则

评审要点	创意组评审内容	创业组评审内容
教育维度	1. 项目应弘扬正确的价值观，体现家国情怀，恪守伦理规范，有助于培育创新创业精神 2. 项目符合将专业知识与商业知识有效结合并转化为商业价值或社会价值的创新创业基本过程和基本逻辑，展现创新创业教育对创业者基本素养和认知的塑造力 3. 体现团队对创新创业所需知识（专业知识、商业知识、行业知识等）与技能（计划、组织、领导、控制、创新等）的娴熟掌握与应用，展现创新创业教育提升创业者综合能力的效力 4. 项目充分体现团队解决复杂问题的综合能力和高级思维；体现项目成长对团队成员创新创业精神、意识、能力的锻炼和提升作用 5. 项目能充分体现院校在职业教育建设方面取得的成果；体现院校在项目的培育、孵化等方面的支持情况；体现多学科交叉、专创融合、产学研协同创新、产教融合等模式在项目的产生与执行中的重要作用	1. 项目应弘扬正确的价值观，体现家国情怀，恪守伦理规范，有助于培育创新创业精神 2. 项目符合将专业知识与商业知识有效结合并转化为商业价值或社会价值的创新创业基本过程和基本逻辑，展现创新创业教育对创业者基本素养和认知的塑造力 3. 体现团队对创新创业所需知识（专业知识、商业知识、行业知识等）与技能（计划、组织、领导、控制、创新等）的娴熟掌握与应用，展现创新创业教育提升创业者综合能力的效力 4. 项目充分体现团队解决复杂问题的综合能力和高级思维；体现项目成长对团队成员创新创业精神、意识、能力的锻炼和提升作用 5. 项目能充分体现院校在职业教育建设方面取得的成果；体现院校在项目的培育、孵化等方面的支持情况；体现多学科交叉、专创融合、产学研协同创新、产教融合等模式在项目的产生与执行中的重要作用

(续)

评审要点	创意组评审内容	创业组评审内容
创新维度	1. 具有原始创意、创造 2. 具有面向培养"大国工匠"与能工巧匠的创意与创新 3. 项目体现产教融合模式创新、校企合作模式创新、工学一体模式创新 4. 鼓励面向职业和岗位的创意及创新，侧重于加工工艺创新、实用技术创新、产品（技术）改良、应用性优化、民生类创意等	1. 具有原始创意、创造 2. 具有面向培养"大国工匠"与能工巧匠的创意与创新 3. 项目体现产教融合模式创新、校企合作模式创新、工学一体模式创新 4. 鼓励面向职业和岗位的创意及创新，侧重于加工工艺创新、实用技术创新、产品（技术）改良、应用性优化、民生类创意等
团队维度	1. 团队的组成原则与过程是否科学合理；团队是否具有支撑项目成长的知识、技术和经验；是否有明确的使命愿景 2. 团队的组织构架、人员配置、分工协作、能力结构、专业结构、合作机制、激励制度等的合理性情况 3. 团队与项目关系的真实性、紧密性情况；对项目的各项投入情况；创立创业企业的可能性情况 4. 支撑项目发展的合作伙伴等外部资源的使用以及与项目关系的情况	1. 团队的组成原则与过程是否科学合理；团队是否具有独特的支撑项目成长的知识、技能、经验以及成熟的外部资源网络；是否有明确的使命愿景 2. 公司是否具有合理的组织构架、清晰的指挥链、科学的决策机制；是否有合理的岗位设置、分工协作、专业能力结构；是否有良好的内部沟通机制；是否有合理的股权结构、激励制度等 3. 团队对项目的各项投入情况及团队成员的稳定性情况 4. 支撑公司发展的合作伙伴等外部资源的使用以及与公司关系的情况
商业维度	1. 充分了解所在产业（行业）的产业规模、增长速度、竞争格局、产业趋势、产业政策等情况，形成完备、深刻的产业认知 2. 项目具有明确的目标市场定位，对目标市场的特征、需求等情况有清晰地了解，并据此制定合理的营销、运营、财务等计划，设计出完整、创新、可行的商业模式，展现团队的商业思维 3. 其他：项目落地执行情况；项目对促进区域经济发展、产业转型升级的情况；已有盈利能力或盈利潜力情况	1. 充分掌握所在产业（行业）的产业规模、增长速度、竞争格局、产业趋势、产业政策等情况；具有明确的目标市场定位，充分掌握目标市场的特征、需求等情况；具有完整、创新、可行的商业模式 2. 经营绩效方面，重点考察项目存续时间、营业收入（合同订单）现状、企业利润、持续盈利能力、市场份额、客户（用户）情况、税收上缴、投入与产出比等情况 3. 经营管理方面，是否有清晰的企业发展目标；是否有完备的研发、生产、运营、营销等制度和体系；是否采用先进、科学的管理方法，以确保企业具有较强的竞争力 4. 成长性方面，是否有清晰、有效、全方位的企业发展战略，并拥有可靠的内外部资源（人才、资金、技术等方面）实现企业战略，以建立企业的持续竞争优势 5. 现金流及融资方面，关注项目融资情况、获取资金渠道情况、企业经营的现金流情况、融资需求及资金使用情况是否合理 6. 项目对促进区域经济发展、产业转型升级的情况

（续）

评审要点	创意组评审内容	创业组评审内容
社会价值维度	1. 项目直接提供就业岗位的数量和质量 2. 项目间接带动就业的能力和规模 3. 项目对社会文明、生态文明、民生福祉等方面的积极推动作用	1. 项目直接提供就业岗位的数量和质量 2. 项目间接带动就业的能力和规模 3. 项目对社会文明、生态文明、民生福祉等方面的积极推动作用

2. "互联网+"大学生创新创业奖励机制

创新创业大赛培养了一大批有理想、有本领、有担当的源源不断的青春力量。国家也设立一定的激励机制，例如云南、湖南、山西、重庆、新疆等地，获国家级（教育部等国家相关部门及国家行业部门组织的）职业院校技能大赛三等奖及以上、省级（省教育厅、省人社厅独立举办或联合举办的）职业院校技能大赛二等奖及以上的个人单项奖，以及获国家级"互联网+"大学生创新创业大赛铜奖及以上、省级"互联网+"大学生创新创业大赛一等奖及以上的项目主要负责人（获奖项目成员排名为第一人），如为高职应届毕业生，可免试就读普通本科高校相关专业。

第五章

职业劳动指导

第一节 职业与劳动安全

一、职业

(一) 职业的分类

职业是指从业人员为了获取主要生活来源所从事的社会工作类别。对职业进行分类管理，是市场经济条件下实现社会化管理的必然选择，也是国际的通行做法。

1995年原劳动部、原国家质量技术监督局、国家统计局牵头启动国家职业分类大典编制工作，于1999年颁布了我国第一部国家职业分类大典，填补了我国职业分类工作的空白，标志着适应我国国情的国家职业分类体系基本建立。随着经济社会发展、科学技术进步和产业结构调整，社会职业构成和内涵发生较大变化，2010年底，我们启动国家职业分类大典的第一次修订工作，历时5年，颁布了2015年版《中华人民共和国职业分类大典》。

近年来，我国经济实力、科技实力、综合国力跃上新的台阶，经济结构持续优化，新技术、新产业、新业态、新模式层出不穷，职业变迁加速，新职业新工种不断涌现。为了适应当前职业领域的新变化，更好满足优化人力资源开发管理、促进就业创业、推动国民经济结构调整和产业转型升级等需要，2021年4月，人社部启动了职业分类大典第二次修订工作，并于2022年9月27日，审议通过了《中华人民共和国职业分类大典（2022年版）》，与2015年版大典相比，2022年版《中华人民共和国职业分类大典》对分类体系进行了修订。把新颁布的74个职业纳入到大典当中。在保持八个大类不变的情况下，净增了158个新的职业，现在职业数量达到了1639个。

案例5-1：自动配送车云控安全员

在深圳市格兰达装备产业园的云控室内，入职不久的陈泽铭正聚精会神地看着驾驶模拟器的电子显示屏。这张电子屏是美团基于智能调度系统构建的物流路网显示器，会实时显示每一辆自动配送车的行进路线。几个月前，陈泽铭毕业于深圳职业技术学院机电工程学院，专业对口工作多是传统制造岗位。原本他会进入一家车企的生产线，但数字经济的发展以及产业数字化转型的加快，为他提供了新选择——成为一名"自动配送车云控安全员"。在"世界工厂"珠江三角洲地区，传统产业升级迭代，新兴产业迅速崛起，包括工业机器人系统操作员在内的新职业的岗位人才需求，呈现快速增长态势。其中，作为电气电子产品制造大省，广东省电气电子产品环保检测员的需求总量预计达 80 万人。

案例 5-2：数字职业

在"电商之都"杭州，一大批企业加快数字化转型，不少毕业生投身于"数字职业"。浙江商业职业技术学院学生、数字化管理师周博扬刚刚入职了杭州一家科技公司，实习期月薪即可达 6000 元。不久前，周博扬在钉钉平台考取了数字化管理师初级证书，收到了不少企业的橄榄枝。"我在工作中能接触到大量数字化转型前、转型中和转型后的企业，也了解到不同企业数字化转型的难点痛点。"周博扬庆幸找到了未来的职业目标和方向。

（二）职业选择

大学生进行职业选择时，要考虑多方因素，个人因素包括自身的兴趣、能力、性格和价值观，外在因素包括政策导向和社会需求等。

1. 职业兴趣

职业兴趣是指人们对某种职业活动具有的比较稳定而持久的心理倾向，使人对某种职业给予优先注意，并向往之。约翰·霍兰德（John Holland）是美国约翰·霍普金斯大学心理学教授，美国著名的职业指导专家，他于 1959 年提出了具有广泛社会影响的职业兴趣理论。他认为人的人格类型、兴趣与职业密切相关，兴趣是人们活动的巨大动力，凡是具有职业兴趣的职业，都可以提高人们的积极性，促使人们积极地、愉快地从事该职业，且职业兴趣与人格之间存在很高的相关性。约翰·霍兰德认为人格可分为社会型、企业型、常规型、现实型、研究型、艺术型六种类型。具体分类见表 5-1。

表 5-1 约翰·霍兰德的职业兴趣与人格分类表

社会型	企业型	常规型
社会型的共同特征是喜欢与人交往、不断结交新的朋友、善言谈、愿意教导别人。关心社会问题、渴望发挥自己的社会作用。寻求广泛的人际关系，比较看重社会义务和社会道德。他们从事的典型职业有提供信息、启迪、帮助、培训、开发或治疗等事务的教育工作者、社会工作者等	企业型的共同特征是追求权力、权威和物质财富，具有领导才能。喜欢竞争、敢冒风险、有野心、抱负。为人务实，习惯以利益得失、权利、地位、金钱等来衡量做事的价值，做事有较强的目的性。从事的职业有项目经理、销售人员、营销管理人员、政府官员、企业领导、法官、律师等	常规型的共同特征是尊重权威和规章制度，喜欢按计划办事，细心、有条理，习惯接受他人的指挥和领导，自己不谋求领导职务。喜欢关注实际和细节情况，通常较为谨慎和保守，缺乏创造性，不喜欢冒险和竞争，富有自我牺牲精神。他们喜欢要求注意细节、精确度、有系统有条理，具有记录、归档、据特定要求或程序组织数据和文字信息的职业

(续)

现实型	研究型	艺术型
现实型的共同特征是愿意使用工具从事操作性工作，动手能力强，做事手脚灵活，动作协调。偏好于具体任务，不善言辞，做事保守，较为谦虚。缺乏社交能力，通常喜欢独立做事。他们喜欢使用工具、机器，需要基本操作技能的工作。主要从事的职业有：计算机硬件人员、摄影师、制图员、机械装配工、木匠、厨师、技工、修理工、农民等	研究型的共同特征是思想家而非实干家，抽象思维能力强，求知欲强，肯动脑，善思考，不愿动手。喜欢独立的和富有创造性的工作。知识渊博，有学识才能，不善于领导他人。他们喜欢智力的、抽象的、分析的、独立的定向任务，要求具备智力或分析才能，并将其用于观察、估测、衡量、形成理论、最终解决问题的工作，并具备相应的能力。科学研究人员、教师、工程师、电脑编程人员、医生、系统分析员等都是典型的研究型职业	艺术型的共同特征是有创造力，乐于创造新颖、与众不同的成果，渴望表现自己的个性，实现自身的价值。做事理想化，追求完美，不重实际。具有一定的艺术才能和个性。善于表达、怀旧、心态较为复杂。艺术方面（演员、导演、艺术设计师、雕刻家、建筑师、摄影家、广告制作人），音乐方面（歌唱家、作曲家、乐队指挥），文学方面（小说家、诗人、剧作家）等大部分从业人员都是典型的艺术型人格

2. 职业能力

职业能力是人们从事其职业的多种能力的综合体现，因此，我们可以把职业能力分为一般职业能力、专业能力和综合能力。

一般职业能力主要是指一般的学习能力、文字和语言运用能力、数学运用能力、空间判断能力、形体知觉能力、颜色分辨能力、手的灵巧度、手眼协调能力等。此外，任何职业岗位的工作都需要与人打交道，因此，人际交往能力、团队协作能力、对环境的适应能力，以及遇到挫折时良好的心理承受能力都是我们在职业活动中不可缺少的能力。

专业能力主要是指从事某一职业的专业能力。在求职过程中，招聘方最关注的就是求职者是否具备胜任岗位工作的专业能力。例如，你去应聘教学工作岗位，对方最看重你是否具备最基本的教学能力。

综合能力又可以分为具体的四个方面：跨职业的专业能力、方法能力、社会能力、个人能力。

3. 职业性格

职业性格，是指人们在长期特定的职业生活中所形成的与职业相联系的、稳定的心理特征。职业心理学的研究表明，不同的职业有不同的性格要求。虽然每个人的性格都不能百分之百地适合某项职业，但却可以根据自己的职业倾向来培养、发展相应的职业性格。不同性格特征的人员，对企业而言，决定了每个员工的工作岗位和工作业绩；对个人而言，决定着自己的事业能否成功。职业性格特征测评以瑞士心理学家荣格的心理类型理论为基础，它通过了解人们在做事、获取信息、决策等方面的偏好来从四个角度对人进行分析，具体见表5-2。

表 5-2　职业性格类型四个维度与心理类型分类表

性格类型的四个维度	心理类型
精力支配	外向型 E——内向型 I
认识世界	感觉型 S——直觉型 N
判断事物	思维型 T——情感型 F
生活态度	判断型 J——认知型 P

E：外向型（外在的人和事：通过与互动或共事以获取能量），具体表现为热心高能量，积极主动，乐于表达，合群爱交际，参与投入。

I：内向型（注重内心思想，感受回忆：通过反省信息，想法和概念获取能量），具体表现为接收，收敛从容，亲密关系，深思熟虑，安静。

S：感觉型（留意和信任事实，细节和现状），具体表现为具体明确，活在当下，务实有效，经验体验，传统。

N：直觉型（了解全局，关注和信任联系，理论和将来可能性），具体表现为抽象思维，想象力，推理延伸，理论化，独创能力。

T：思维型（运用客观分析和逻辑推理决定事物），具体表现为推理，质疑，讲道理。

F：情感型（用价值观做决定，创造和谐），具体表现为将心比心，怜悯同情，温柔。

J：判断型（有组织，有条理和快速做决定），具体表现为系统思考，计划筹算，尽早开始，日程管理，有条不紊。

P：认知型（灵活，可适应，尽可能保持开放的选择权），具体表现为随意放松，开放心态，压力催动，自发冲动，突然紧急。

四个维度每个维度有一种性格倾向，然后四个维度组合，形成 16 种人格类型，每一种类型表现出独特的行为与互动风格，见表 5-3。在与人交往交流中、工作选择中、生活平衡方面，你都可以通过了解自己"内在"的特征，以明确可能的最佳做事方法与职业选择。

表 5-3　MBTI 性格的 16 种类型解析

性格代码	类型解析
ISTJ	内向、感觉、思维、判断型。这种类型的人一丝不苟、认真负责，而且明智豁达，是坚定不移的社会维护者。他们讲求实际、非常务实，总是孜孜以求精确性和条理性，而且有极大的专注力。不论干什么，他们都能有条不紊、四平八稳地完成。对这类人而言，满意的工作是技术性的工作，能生产一种实实在在的产品或有条理地提供一种周详服务。他们需要一种独立的工作环境，有充裕的时间让自己独立工作，并能运用自己卓越的专注力来完成工作
ISFJ	内向、感觉、情感、判断型。这种类型的人忠心耿耿、一心一意、富有同情心，喜欢助人为乐。由于这种人有很强的职业道德，一旦觉得自己的行动确有帮助，他们便会担起重担。最令他们满意的工作是，需要细心观察和精确性要求极高的工作。他们需要通过不声不响地在背后工作以表达自己的感情投入，但个人贡献要能得到承认

（续）

性格代码	类型解析
INFJ	内向、直觉、情感、判断型。这种类型的人极富创意。他们感情强烈、原则性强且具有良好的个人品德，善于独立进行创造性思考，即使面对怀疑，他们对自己的观点仍坚信不疑。看问题常常更能入木三分。对他们来说，称心如意的事业就是，能从事创新型的工作，主要是能帮助别人成长。他们喜欢生产或提供一种自己能感到自豪的产品或服务。工作必须符合个人的价值观
INTJ	内向、直觉、思维、判断型。这种类型的人是完美主义者。他们强烈要求自主、看重个人能力、对自己的创新思想坚定不移，并受其驱使去实现自己的目标。这种人逻辑性强，有判断力，才华横溢，对人对己要求严格。在所有类型的人中，这种人独立性最强，喜欢我行我素。面对反对意见，他们通常多疑、霸道、毫不退让。对权威本身，他们毫不在乎，但只要规章制度有利于他们的长远目标他们就能遵守。最适合的工作是：能创造和开发新颖的解决方案来解决问题或改进现有系统；他们愿意与责任心强，在专业知识、智慧和能力方面能赢得自己敬佩的人合作；他们喜欢独立工作，但需要定期与少量智囊人物切磋交流
ISTP	内向、感觉、思维、认知型。这种类型的人奉行实用主义，喜欢行动，不爱空谈。他们长于分析、敏于观察、好奇心强，只相信可靠确凿的事实。由于非常务实，他们能很好地利用一切可利用的资源，而且很会瞧准时机。对于这种人而言，事业满意就是，做尽可能有效利用资源的工作。他们愿意精通机械技能或使用工具来工作。工作必须有乐趣、有活力、独立性强，且常有机会走出工作室去户外
ISFP	内向、感觉、情感、认知型。这种类型的人温柔、体贴、敏感，从不轻言非常个人化的理想及价值观。他们常通过行动，而非语言来表达炽烈的情感。这种人有耐心、能屈能伸，且十分随和、无意控制他人。他们从不妄加判断或寻求动机和意义。适合的工作是，做非常符合自己内心价值观的工作。在做有益他人的工作时，希望注重细节。他们希望有独立工作的自由，但又不远离其他与自己合得来的人。他们不喜欢受繁文缛节或一些僵化程序的约束
INFP	内向、直觉、情感、认知型。这种类型的人珍视内在和谐胜过一切。他们敏感、理想化、忠心耿耿，在个人价值观方面有强烈的荣誉感。如果能献身自己认为值得的事业，他们便情绪高涨。在日常事务中，他们通常很灵活、有包容心，但对内心忠诚的事业义无反顾。这类人很少表露强烈的情感，常显得镇静自若、寡言少语。不过，一旦相熟，他们也会变得十分热情。最好的工作是，做合乎个人价值观、能通过工作陈述自己远见的工作；工作环境需要有灵活的架构，在自己激情高昂时可以从事各种项目；能发挥个人的独创性
INTP	内向、直觉、思维、认知型。这种类型的人善于解决抽象问题。他们经纶满腹，时能闪现出创造的睿智火花。他们外表恬静，内心专注，总忙于分析问题。他们目光挑剔，独立性极高。对于这类人，事业满意源自这样的工作：能酝酿新观念；专心负责某一创造性流程，而不是最终产品。在解决复杂问题时，能让他们跳出常规的框框，冒一定风险去寻求最佳解决方案
ESTP	外向、感觉、思维、认知型。这种类型的人无忧无虑，属乐天派。他们活泼、随和、率性，喜欢安于现状，不愿从长计议。由于他们能够接受现实，一般心胸豁达、包容心强。这种人喜欢玩实实在在的东西，善于拆拆装装。对这种类型的人来说，事业满意度来自这种工作：能随意与许多人交流；工作中充满冒险和乐趣，能冒险和随时抓住新的机遇；工作中当自己觉得必要时希望自我组织，而不是听从别人的安排

(续)

性格代码	类型解析
ESFP	外向、感觉、情感、认知型。这种类型的人生性爱玩、充满活力,用自己的陶醉来为别人增添乐趣。他们适应性强,平易随和,可以热情饱满地同时参加几项活动。他们不喜欢把自己的意志强加于人。适合的工作是,能在实践中学习,利用常识搜集各种事实来寻找问题的解决方案;他们喜欢直接与客户打交道;能同时在几个项目或活动中周旋。尤其爱从事能发挥自己审美观的项目或活动
ENFP	外向、直觉、情感、认知型。这种类型的人热情奔放,满脑子新观念。他们乐观、率性、充满自信和创造性,能深刻认识到哪些事可为。他们对灵感推崇备至,是天生的发明家。他们不墨守成规,善于闯新路子。适合的工作是,在创造性灵感的推动下,与不同的人群合作从事各种项目;他们不喜欢从事需要自己亲自处理日常琐碎杂务的工作,喜欢按自己的工作节奏行事
ENTP	外向、直觉、思维、认知型。这种类型的人好激动、健谈、聪明,是个多面手。他们总是孜孜以求地提高自己的能力。这种人天生有创业心、爱钻研、机敏善变、适应能力强。满意的工作是:有机会从事创造性解决问题的工作。工作有一定的逻辑顺序和公正的标准。希望通过工作能提高个人权力并常与权力人物交流
ESTJ	外向、感觉、思维、判断型。这种类型的人办事能力强,喜欢出风头,办事风风火火。他们责任心强、诚心诚意、忠于职守。他们喜欢框架,能组织各种细节工作,能如期实现目标并力求高效。适合做理顺事实和政策以及人员组织工作,能够有效利用时间和资源以找出合乎逻辑的解决方案,在目标明确的工作中运用娴熟的技能。他们希望工作测评标准公正
ESFJ	外向、感觉、情感、判断型。这种类型的人喜欢通过直接合作以切实帮助别人。由于他们尤其注重人际关系,因而通常很受人欢迎,也喜欢迎合别人。他们的态度认真、遇事果断、通常表达意见坚决。最满意的事业是,整天与人交往,密切参与整个决策流程。工作的目标明确,有明确的业绩标准。他们希望能组织安排自己及周围人的工作,以确保一切进展得尽可能顺利
ENFJ	外向、直觉、情感、判断型。这种类型的人有爱心,对生活充满热情。他们往往对自己很挑剔。不过,由于他们自认为要为别人的感受负责,所以很少在公众场合发表批评意见。他们对行为的是非曲直明察秋毫,是社交高手。适合的工作是,工作中能建立温馨的人际关系,能使自己置身于自己信赖且富有创意的人群中工作。他们希望工作多姿多彩,但又能有条不紊地进行
ENTJ	外向、直觉、思维、判断型。这种类型的人是极为有力的领导人和决策者,能明察一切事物中的各种可能性,喜欢发号施令。他们是天才的思想家,做事深谋远虑、策划周全。事事力求做好,生就一双锐眼,能够一针见血地发现问题并迅速找到改进方法。满意的事业是,做领导、发号施令、完善企业的运作系统,使系统高效运行并如期达到目标。他们喜欢从事长远战略规划,寻求创造性地解决问题的方式

4. 职业价值观

理想、信念、世界观对于职业的影响,集中体现在职业价值观上。俗话说:"人各有志。"这个"志"表现在职业选择上就是职业价值观,它是一种具有明确的目的性、自觉性和坚定性的职业选择的态度和行为,对一个人职业目标和择业动机起着决定性的作用。

由于个人的身心条件、年龄阅历、教育状况、家庭影响、兴趣爱好等方面的不同,人们对各种职业有着不同的主观评价。从社会来讲，由于社会分工的发展和生产力水平的相对落后，各种职业在劳动性质的内容上，在劳动难度和强度上，在劳动条件和待遇上，在所有制形式和稳定性等诸多问题上，都存在着差别。再加上传统的思想观念等的影响，各类职业在人们心目中的声望地位便也有好坏高低之见，这些评价都形成了人的职业价值观，并影响着人们对就业方向和具体职业岗位的选择。

根据不同的划分标准，人们对职业价值观的种类划分也不同。美国心理学家洛特克在其所著《人类价值观的本质》一书中，提出13种价值观：成就感、审美追求、挑战、健康、收入与财富、独立性、爱、家庭与人际关系、道德感、欢乐、权利、安全感、自我成长和社会交往。我国学者阚雅玲将职业价值观分为如下12类：

1）收入与财富。工作能够明显有效地改变自己的财务状况，将薪酬作为选择工作的重要依据。工作的目的或动力主要来源于对收入和财富的追求，并以此改善生活质量，显示自己的身份和地位。

2）兴趣特长。以自己的兴趣和特长作为选择职业最重要的因素，能够扬长避短、趋利避害、择我所爱、爱我所选，可以从工作中得到乐趣、得到成就感。在很多时候，会拒绝做自己不喜欢、不擅长的工作。

3）权力地位。有较高的权力欲望，希望能够影响或控制他人，使他人照着自己的意思去行动；认为有较高的权力地位会受到他人尊重，从中可以得到较强的成就感和满足感。

4）自由独立。在工作中能有弹性，不想受太多的约束，可以充分掌握自己的时间和行动，自由度高，不想与太多人发生工作关系，既不想制人也不想受制于人。

5）自我成长。工作能够给予受培训和锻炼的机会，使自己的经验与阅历能够在一定的时间内得以丰富和提高。

6）自我实现。工作能够提供平台和机会，使自己的专业和能力得以全面运用和施展，实现自身价值。

7）人际关系。将工作单位的人际关系看得非常重要，渴望能够在一个和谐、友好甚至被关爱的环境工作。

8）身心健康。工作能够免于危险、过度劳累，免于焦虑、紧张和恐惧，使自己的身心健康不受影响。

9）环境舒适。工作环境舒适宜人。

10）工作稳定。工作相对稳定，不必担心经常出现裁员和辞退现象，免于经常奔波找工作。

11）社会需要。能够根据组织和社会的需要响应某一号召，为集体和社会做出贡献。

12）追求新意。希望工作的内容经常变换，使工作和生活显得丰富多彩，不单调枯燥。

5. 社会因素

社会因素也影响大学生的职业选择，例如政策导向和社会需求，社会政策会影响一个行业的兴衰，了解国家政策优先发展什么产业、行业是很有必要的，很多行业的未来发展趋势和政策导向是密切相关的，大众需求是促进一个行业蓬勃发展的持久动力。

二、劳动安全与保护

（一）劳动安全常识

劳动安全又称职业安全，是劳动者享有的在职业劳动中人身安全获得保障、免受职业伤害的权利；是在生产劳动过程中，防止中毒、车祸、触电、塌陷、爆炸、坠落、机械外伤等危及劳动者人身安全的事故发生。

大学生要了解劳动安全知识，在思想中产生劳动安全意识，防止或减少劳动安全事故的发生。如要了解食品安全、消防安全、用电安全、道路交通安全、设施设备使用安全等相关知识，还要学习一些自救知识，如灭火器的使用、溺水、电、自然灾害等自救的相关知识。从事有职业危险、危害因素作业的劳动者，应当经过劳动保护技术培训，在掌握必要的防护知识后，方可上岗作业。

劳动者应当遵守有关劳动安全法律、法规、规章、行业规范和本单位的劳动安全管理制度、操作规程，有权拒绝、批评和举报违章指挥、强令冒险作业等危害生命和身体健康的行为。特种作业人员的安全技术资格需要进行考核或持证上岗。

对于在校大学生来说，劳动安全是大学生在科研实验、创业竞赛、社会实践、志愿者服务等生产劳动和服务性劳动中所涉及的各种潜在危险和事故风险。劳动安全事关广大劳动人民群众的根本利益保护，也是对于劳动者的最大利益保护。保护劳动者在劳动生产过程中的生命与健康，是我国始终坚持的一项基本方针政策，是新时代中国特色社会主义的本质要求，是发展生产、促进经济建设的重要内容，进而是建成社会主义中国工业现代化国家的重要保障。劳动安全事关改革发展和稳定大局，在新时代日益受到国家的高度重视。

（二）劳动安全隐患与劳动保护

1. 劳动安全隐患

劳动安全隐患是指生产经营单位违反安全生产法律、法规、规章、标准、规程、安全生产管理制度，或者其他因素在生产经营活动中存在的可能导致不安全事件或事故发生的危险状态、不安全行为以及管理上的缺陷。劳动安全隐患的分类如下：

（1）作业类隐患　随意移动、损坏、拆除安全设施或移作他用；非电工私接电源或拆装电气设备；使用手持电动工具或建筑电动机械未经漏电保护器；酒后登高作业；高处作业时随手抛掷工器具及材料等物品；高处作业时工器具不系保险绳，无防坠落的措施；擅自穿越安全警戒区；无证操作、驾驶各种机动车辆；未经有关部门同意，在厂房内任意打孔等。

（2）装置类隐患　配电盘、电源箱、非防雨型临时开关箱等配电设施无可靠的防雨设施；使用220伏及以上电源做照明电源，无可靠安全措施；流动电源箱无漏电保护器或漏电保护器失灵；脚手板有虫蚀、断裂现象或强度不够，质量不能满足高空作业要求；高处作业的平台、走道、斜道等处未装设防护栏杆或未设防护立网；深沟、深坑四周无安全警戒线或围栏，夜间无警告红灯；高处交叉作业、拆除工程等危险作业，四周无安全警戒线；拆除的木料、脚手架、钢模板、架杆等未及时运走，堆放杂物；现场材料、构件、设备堆放杂乱，未分类摆放等。

（3）管理类隐患　发布违反有关安全生产法令、法规和规章制度的命令，违章指挥工作；无视安监部门的整改通知要求，未及时消除安全隐患；对工人发现的装置性违章和技术人员拟定的反装置性违章不闻不问，不组织消除；不认真吸取教训，未及时采取有效措施，致使同类事故重复发生；规程和规章制度不放在现场，或不健全；发生事故（包括未遂事故）后不及时按照"四不放过"的原则组织并主持对事故进行调查、分析，不进行全员受教育工作；对作业性违章、装置性违章、指挥性违章和制度性违章未发现、不制止、不纠正或不进行处罚和教育等。

（4）"两票三制"类隐患　设备检修前，工作负责人和工作许可人不同时到检修现场检查安全措施是否已正确完善执行；工作票、操作票上无危险点分析与预控措施，或工作成员未在危险点预控措施上签字认可就开工或操作；办理工作票代签名或无票作业；现场工作时，工作票不随身携带；运行班长对夜间许可进行的抢修工作事项，不进行详细记录；交接班不认真、交接不清楚；擅自移动安全设施或变更工作票中的安全措施进行工作等。

（5）触电及机电伤害类隐患　转接地线前不验电或验电时间不充分；漏挂、错挂、未挂警告牌及标示牌；高压试验时，带电设备周围及通道未设围栏标志；电气操作时不使用绝缘工具；在设备管道上，挂吊具起吊重物；未经生产技术部门审核许可就在楼板或构架上打孔；戴手套抡大锤，不注意周围是否有人等。

（6）高处作业类隐患　在2米以上高度工作不系安全带；安全带使用前不检查，使用中不按规定佩带；用不合格的钢丝绳、麻绳起吊重物；戴安全帽时没有按规定系好绳带；患有高血压、心脏病、贫血等不适宜从事高处作业病症的人从事高处作业；人员从悬吊重物下面行走或停留；人员高处作业转移时不系安全带等。

（7）交通运输类隐患　出车前不做车况检查或车况有问题没有处理好就行车；货物没有绑扎牢固，驾驶人员不检查就擅自开车；车辆起步快，转弯下坡快或空档溜车；道路结冰或下大雪时未装防滑链开车；不严格执行"三检查"（出车前、途中和收车后检查）制度等。

（8）消防及环保类隐患　氧气瓶、乙炔瓶同车搬运，使用中间距小于8米；露天存放无遮盖并暴晒；使用减压阀失灵的氧气、乙炔压力表，或不检查是否漏气；不办理动火工作手续，在易燃、易爆区与范围内工作；电焊作业时，火星落在易燃物上，未检查；易燃易爆物品不按指定地点存放；擅自使用电炉子；化学烘箱内烘烤食物；现场清扫擅自动用消防栓、水龙带；用过的破布、棉纱随处乱扔；影响环保的重大操作不向环保管理部门报告等。

（9）设备及 PPE 类隐患　起重作业人员，不事先对设备及周围环境进行检查就作业；启动电机时，不注意观察电流变化情况和转动方向；启动 6 千伏以上电动机不与电气值班人员联系；穿钉子鞋及未穿专用工作服进入发电机腔内工作；不停强力风扇电源移动电扇；化学试管加热时把管口对准自己或别人；在运行中的防爆门、看火孔、汽包、水位计旁长时间停留；卸酸、碱时不带防护眼镜、口罩、手套、不穿胶靴等。

（10）其他综合类隐患　长期休假后，不经考试培训就上岗；上班不按规定着装；热工人员在现场工作时，不与运行人员联系就擅自动表计及测点；拆电动机时，电缆头接线不做记号；频繁操作项目不执行操作凭经验操作；重大操作无相应书面措施和危险点分析与预防性控制措施等。

2. 劳动保护

劳动保护是指根据国家法律、法规，依靠技术进步和科学管理，采取组织措施和技术措施，消除危及人身安全健康的不良条件和行为，防止事故和职业病，保护劳动者在劳动过程中的安全与健康，其内容包括：劳动安全、劳动卫生、女工保护、未成年工保护、工作时间与休假制度。

目前我国关于安全生产的法律法规、条例、标准 130 多部，如《中华人民共和国宪法》《中华人民共和国刑法》《中华人民共和国劳动法》《中华人民共和国安全生产法》《中华人民共和国消防法》《中华人民共和国职业病防治法》《中华人民共和国妇女权益保障法》《中华人民共和国环境保护法》《中华人民共和国未成年人保护法》《中华人民共和国道路交通安全法》《中华人民共和国劳动合同法》《危险化学品安全管理条例 使用有毒物品作业场所劳动保护条例》《工作保险条例》等，对各行各业都制定了相应的法律、法规、条例和标准，这些规章制度日趋完善，为新时代中国特色社会主义法治社会提供了法律保障。

第二节　劳动法规与风险防范

一、劳动法规

《中华人民共和国劳动法》是国家为了保护劳动者的合法权益，调整劳动关系，建立和维护适应社会主义市场经济的劳动制度，促进经济发展和社会进步，根据宪法而制定颁布的法律。

《中华人民共和国劳动合同法》是为了完善劳动合同制度，明确劳动合同双方当事人的权利和义务，保护劳动者的合法权益，构建和发展和谐稳定的劳动关系，根据宪法而制定颁布的法律。

《中华人民共和国社会保险法》是为了规范社会保险关系，维护公民参加社会保险和享受社会保险待遇的合法权益，使公民共享发展成果，促进社会和谐稳定，根据宪法而制定颁布的法律。

《中华人民共和国就业促进法》是为了促进就业，促进经济发展与扩大就业相协调，促进社会和谐稳定，根据宪法而制定颁布的法律。

二、劳动者的基本权利和义务

（一）劳动者的基本权利

1. 劳动者有平等就业的权利

劳动权，也称劳动就业权，是指具有劳动能力的公民有获得职业的权利。劳动是人们生活的第一基本条件，是一切物质财富、精神财富的源泉，是有劳动能力的公民获得参加社会劳动和切实保证按劳动取酬的权利。公民的劳动就业权是公民享有的各项权利的基础，如果公民的劳动不能实现，其他一切权利也就失去了基础和意义。

2. 劳动者有选择职业的权利

劳动者选择职业的权利，是指劳动者根据自己意愿选择适合自己才能、爱好的职业。劳动者拥有自由选择职业的权利，有利于劳动者充分发挥个人的特长，促进社会生产力的发展。

3. 劳动者有取得劳动报酬的权利

取得劳动报酬的权利是公民的一项重要劳动权利。我国宪法不仅规定公民有劳动的权利，而且给予劳动者的劳动权利以现实的物质的和法律的保障。我国宪法明确规定的各尽所能、按劳力分配的原则，是我国的经济制度的重要组成部分，同时宪法还规定，实行男女同工同酬，国家在发展生产的基础上，提高劳动报酬和福利待遇。新中国成立以后，我国制定了许多有关工资制度的法规。它们的实施，保证了劳动者生活水平的提高，调动了劳动者的生产积极性，促进了生产的发展。

4. 劳动者享有休息休假的权利

我国宪法规定，劳动者有休息的权利，国家发展劳动者休息和休养的设施，规定职工的工作时间和休假制度。我国劳动法规定的休息时间包括工作间歇、两个工作日之间的休息时间、公休日、法定节假日以及年休假、探亲假、婚丧假、事假、生育假、病假等。

5. 劳动者有获得劳动安全卫生保护的权利

劳动安全卫生保护，是保护劳动者的生命安全和身体健康，是对享受劳动权利的主体切身利益最直接的保护。劳动法规定，用人单位必须建立、健全劳动安全卫生制度，严格执行国家安全卫生规程和标准，为劳动者提供符合国家规定的劳动安全制度，严格执行国家安全卫生规程和标准，为劳动者提供符合国家规定的劳动安全卫生条件和必要的劳动防护用品，对从事特种作业的人员进行专门培训，防止劳动过程中的事故，减少职业危害。

6. 接受职业技能培训的权利

职业技能培训是指对准备就业的人员和已经就业的职工，以培养其基本的职业技能或提高其职业技能为目的而进行的技术业务知识和实际操作技能教育和训练。我国宪法规定，公民有受教育的权利和义务。受教育既包括受普通教育，也包括受职业教育。公民有劳动的权利，要实现劳动权是离不开劳动者自身拥有的职业技能的。在职业技能的获得越来越多地依赖职业培训的今天，公民没有职业培训权利，劳动就业权利就无法充分实现。

7. 享受社会保险和福利的权利

社会保险是国家和用人单位依照法律规定或合同的约定，对具有劳动关系的劳动者在暂时或永久丧失劳动能力以及暂时失业时，为保证其基本生活需要，给予物质帮助的一种社会保障制度。

8. 提请劳动争议处理的权利

劳动争议是指劳动关系当事人因执行劳动法或履行集体合同和劳动合同的规定引起的争议。劳动关系当事人作为劳动关系的主体，各自存在着不同的利益，双方不可避免地会产生分歧。用人单位与劳动者发生劳动争议，劳动者可以依法申请调解、仲裁、提起诉讼。劳动争议调解委员会由用人单位、工会和职工代表组成。劳动仲裁委员会由劳动行政代表、同级工会、用人单位代表组成。解决劳动争议应贯彻合法、公正、及时处理的原则。在发生争议时劳动者有提请争议处理的权利，也是劳动者其他合法权利的保证。

（二）劳动者的基本义务

1. 完成劳动任务的义务

完成劳动任务是劳动者所应负担的首要义务。劳动者只有完成劳动任务，才能获得相应的劳动报酬，使整个劳动过程得以延续。劳动者只有完成劳动任务，才能被认为尽到了劳动的职责，履行了劳动合同中约定的工作内容。由于劳动具有强烈的人身依附性，因此，劳动者应当自己亲自完成劳动任务，不得私下找人代替。只有在遇到特殊情况无法履行劳动职责并经用人单位同意的情况下，才能替代履行劳动合同义务——完成劳动任务。

2. 提高职业技能的义务

接受劳动培训、提高职业技能不仅是劳动者的权利，也是劳动者的义务。经济发展、社会繁荣同时伴随着知识更新。原来的职业技能如果经过几年不进行更新就会过时。现实的需要使劳动者负有参加培训、提高职业技能的义务。

3. 执行劳动安全卫生规程的义务

劳动安全卫生规程是国家制定的保护劳动者在劳动过程中不受身体健康和生命损害的法律保障措施。认真执行劳动安全卫生规程，可以减少直至避免事故的发生。执行劳动安全卫生规程不仅是用人单位的义务，也是劳动者的义务。

4. 遵守劳动纪律和职业道德的义务

劳动纪律是用人单位制定的劳动者在劳动过程中所必须遵守的规章制度。劳动纪律是组织社会劳动的基础，是保证劳动得以正常有序进行的必要条件。职业道德是劳动者在劳动实践中形成的共同的行为准则。遵守职业道德是劳动者进行劳动时的必然要求，也是社会主义精神文明建设的要求。

三、劳动关系与劳动合同

（一）劳动关系

从劳动法意义上讲，劳动关系是指用人单位招用劳动者为其成员，劳动者在用人单位的管理下提供有报酬的劳动而产生的权利义务关系。劳动关系包括事实劳动关系和劳动合同关系。事实劳动关系是指用人单位招用劳动者未订立书面劳动合同或者无有效书面劳动合同而形成的劳动用工关系。我国境内的企业、个体经济组织与劳动者之间，只要形成劳动关系，即劳动者事实上已成为企业、个体经济组织的成员，并为其提供有偿劳动，可认定用人单位与劳动者之间形成了事实劳动关系，适用劳动法。劳动合同关系是指依据劳动法、劳动合同法的规定，通过订立书面劳动合同形成的法律上的劳动用工关系。用人单位和劳动者可依法通过订立、履行、变更书面劳动合同建立劳动合同关系。

劳动合同是指劳动者与用人单位确立劳动关系、明确双方权利和义务的协议。劳动合同是要式合同，必须采用书面形式订立，口头订立劳动合同的，视为没有订立劳动合同，即双方之间不存在劳动合同。劳动合同经劳动者与用人单位依法订立并签字或者盖章即成立并生效。因此，简单从性质上讲，劳动合同是一种协议，而劳动关系是一种权利义务关系，劳动合同成立与劳动关系建立没有必然联系。订立书面劳动合同的劳资双方之间不一定存在劳动关系，建立劳动关系的劳资双方也不一定已订立书面劳动合同。

在现实生活中，企业劳动合同签订率低的现象普遍存在，有的劳动者在同一用人单位已连续工作几年、十几年、几十年，用人单位也从未与劳动者订立书面劳动合同，但根据上述规定，劳动者与用人单位已形成事实劳动关系。因此，建立劳动关系的，也不一定均已订立书面劳动合同。

劳动关系与劳动合同虽然区别很大，但仍存在一定的联系。例如：用人单位和劳动者可依法通过订立、履行、变更书面劳动合同建立劳动（合同）关系；履行依法成立并生效的劳动合同必然建立劳动合同关系，成立劳动关系；终止事实劳动关系、解除或终止劳动合同都能导致劳动关系的解除或者终止，最终终止劳资双方之间存在的劳动权利义务关系。

劳动合同是劳动者与用人单位确立劳动关系、明确双方权利和义务的协议。用人单位与劳动者在用工前订立劳动合同的，劳动关系自用工之日起建立。劳动合同订立的目的就在于明确双方的权利义务，最终在劳动者和用人单位之间成立劳动（合同）关系。

因此，依法履行劳动合同，必然成立劳动关系。

（二）劳动合同的签订

1. 应签订正式规范的书面劳动合同

劳动者在进入一个新的工作单位时，有时因为种种原因，劳动者和用人单位只是简单地达成了口头用工协议合同，但这种口头合同对劳动者是相当不利的。为了保障个人的利益，劳动者在正式进入到用人单位工作时，一定要与用人单位签订正式的用工合同，以便明确双方的权利和义务关系。

2. 应仔细推敲用人单位提供的格式合同

在劳动者和用人单位签订劳动合同时，部分用人单位常常事先起草了一份劳动合同文本，在文本中约定的权利义务明显对单位有利，例如不合理的服务年限、苛刻的劳动纪律等条款。这类条款片面强化劳动者的义务、限制劳动者的人身自由以及回避用人单位的责任，直接关系到劳动者的切身利益。劳动者在签约时一定要注意认真审查、推敲相关条款，全面充分理解这类条款的真实含义，并对其中的不合理甚至违法的部分提出异议，避免日后吃亏。虽然格式合同中单方面限制劳动者主要权利和免除用人单位主要义务的条款因违反公平和诚实信用原则而归于无效，但只要是不违反我国的法律法规的条款，都是有效的。所以，劳动者签约时仍然应当注意要完全理解格式合同的条款内容，并对其中的不合理部分提出异议。如无异议，应当面同单位负责人签字盖章，以防某些单位负责人利用签字时间不同而在合同上动手脚。

3. 应在劳动合同中明确约定工作岗位、工作地点和试用期限

实践中很多劳动争议案件，是由于劳动合同中对工作岗位、工作地点约定不明确引起的。一些用人单位往往利用劳动者不懂，钻这个空子，故意不把工作岗位、地点写进劳动合同，以达到随时、随意变更劳动者的工作岗位、工作内容、工作地点的目的，无限度扩大用人单位的管理权。遇到此类情况时，劳动者往往很被动，甚至对于用人单位单方变更合同内容、故意进行刁难毫无办法，不得不主动辞职。因此，建议在签订劳动合同时，应当一并明确工作岗位、地点。

4. 应在劳动合同中明确约定工资、奖金及其他费用

关于劳动合同中的工资金额，不仅是加班费的计算基数，也是经济补偿金、生活补助费等的计算依据，其重要性不言而喻。因此在约定工资数额时应当尽量争取把数额写清楚，以免在仲裁、诉讼时无法举证而导致权益受损。关于年终奖金、出差补助、交通报销之类并不是法律强制规定发放的，所以劳动者应当要求在劳动合同做出明确约定，不要轻信口头承诺，否则引发纠纷时经常会处在无法举证的被动地位。

5. 应注意劳动合同中对商业秘密和竞业限制的约定

当前我国人才流动比较频繁，为防止不正当竞争，越来越多的用人单位在录用一些关键岗位的人员时均要求签订保密协议和竞业限制协议等。在这些协议中约定，劳动者在终止或解除劳动合同后的一定期限内，负有保密义务，不能到生产同类产品、经营同类业务或有直接竞争关系的其他单位任职。这类协议对劳动者而言，意味着加重自身义务，可能因此限制了择业自由和发展空间。应当注意的是，劳动者一旦违反，不仅涉及劳动法上的责任，还可能负上民法、刑法上的责任。因此，劳动者在签署此类条款时，一定要慎重考虑。关于保密条款，劳动者应当审查保密主体、保密范围、保密周期和泄密责任等几项内容。关于竞业限制条款，劳动者应当审查禁业补偿费、禁业年限和范围、违约责任以及违约金计算方式等几项内容。关于竞业限制，因为这肯定会限制劳动者的职业自由，直接影响劳动者离开用人单位后的职业发展和经济收入，所以用人单位应向劳动者支付一定数额的补偿费，补偿额一般不低于限制人员原工资的50%，而且竞业限制的年限应当适当，一般不超过两年。如果没有此条款，那么，竞业限制协议是无效的。

6. 应注意劳动合同中对培训的约定

虽然用人单位有义务培训、提高劳动者的技能，但由于员工流动必然造成用人单位的资源损失，因此很多单位都规定培训不是免费的，涉及劳动者提前解除劳动合同时培训费如何赔偿的问题也有必要做详细介绍。近几年，因劳动者跳槽而赔偿培训费的案例越来越多，由于用人单位持有培训协议或劳动合同中有培训条款，因此劳动者最终被判支付培训费在所难免。审查培训条款最关键看培训内容、服务期、培训费金额和赔偿计算方式等内容。

7. 应注意劳动合同中的违约责任

关于违约责任，除了《劳动法》规定的法律责任以外，对违约行为通常是通过劳动合同中约定违约条款来约束的。因此，劳动合同中关于违反劳动合同的责任条款十分重要，能直接决定当事人承担责任的后果。实践中比较常见的违约金类型主要有三种：提前解除劳动合同违约金、违反培训协议的违约金和违纪、失职造成经济损失的违约金。一般情况下，劳动合同中相关条款应当包括对违约的情形、赔偿的范围、处罚的方式、违约金的计算方法、违约金的数额等内容作出明确约定，才不容易引发争议。对于劳动者来说，在就业签订劳动合同时，务必要注意到有关违约责任是否合法、公平，并结合考虑自己的经济承受能力，避免日后无力承担巨额赔偿金而陷入困境；对于用人单位来说，也应当注意避免违约赔偿金额过高或过低，做到责任、权利、义务对等。

8. 其他细节问题

最后劳动者还应该了解一下其他的细节问题，例如当合同涉及数字时，一定要用大写汉字，以使单位无隙可乘；另外要注意合同生效的必要条件和附加条件（如签证、登记）；合同至少一式两份，双方各执一份，妥善保管；双方在签订时如有纠纷，应通过合法方式解决。劳动者在签订合同之前，最好认真学习和了解一些劳动法律和法规方面的知识，例如合同双方当事人的权利义务，劳动合同的订立、履行、变更、终止和解除，劳动保护和保险，法律责任等。

> **案例 5-3：员工协议不是劳动合同**
>
> 邵某、田某等人进入某公司工作，签署有《员工协议》，该《员工协议》非常简略地规定了工资待遇，其余部分为公司规章制度等内容。一年后邵某等人从公司离职。此后，邵某等人因与公司劳动合同纠纷，向仲裁委申请仲裁，要求公司支付未签劳动合同二倍工资差额并补缴社保，仲裁委裁决支持劳动者请求。后公司不服，诉至江苏省昆山市中级人民法院。经审查，公司与邵某等人签订的《员工协议》更多体现的是公司对其规章制度的确认和申明，并不具备劳动合同法所规定的劳动合同必备条款，因此该公司主张的"将《员工协议》视为劳动合同"的理由亦不能成立，法院因此认定公司未与邵某等人签订劳动合同，公司应当承担未签书面劳动合同的法律责任，支付二倍工资差额。后公司不服，上诉至江苏省苏州市中级人民法院，二审维持原判。

（三）劳动合同的解除

1. 劳动者的辞职权

劳动者提前三十日以书面形式通知用人单位，可以解除劳动合同。劳动者在试用期内提前三日通知用人单位，可以解除劳动合同。

2. 用人单位的辞退权

用人单位依据《中华人民共和国劳动法》第二十四条、第二十六条、第二十七条的规定解除劳动合同的，应当依照国家有关规定给予经济补偿。用人单位违反本法规定解除或者终止劳动合同的，应当依照《中华人民共和国劳动合同法》第四十七条规定的经济补偿标准的二倍向劳动者支付赔偿金，见表5-4。

表5-4 《中华人民共和国劳动法》《中华人民共和国劳动合同法》节选

条款	条款内容
《中华人民共和国劳动法》第二十四条	经劳动合同当事人协商一致，劳动合同可以解除
《中华人民共和国劳动法》第二十六条	有下列情形之一的，用人单位可以解除劳动合同，但是应当提前三十日以书面形式通知劳动者本人： （一）劳动者患病或者非因工负伤，医疗期满后，不能从事原工作也不能从事由用人单位另行安排的工作的 （二）劳动者不能胜任工作，经过培训或者调整工作岗位，仍不能胜任工作的 （三）劳动合同订立时所依据的客观情况发生重大变化，致使原劳动合同无法履行，经当事人协商不能就变更劳动合同达成协议的

（续）

条款	条款内容
《中华人民共和国劳动法》第二十七条	用人单位濒临破产进行法定整顿期间或者生产经营状况发生严重困难，确需裁减人员的，应当提前三十日向工会或者全体职工说明情况，听取工会或者职工的意见，经向劳动行政部门报告后，可以裁减人员 用人单位依据本条规定裁减人员，在六个月内录用人员的，应当优先录用被裁减的人员
《中华人民共和国劳动合同法》第四十七条	经济补偿按劳动者在本单位工作的年限，每满一年支付一个月工资的标准向劳动者支付。六个月以上不满一年的，按一年计算；不满六个月的，向劳动者支付半个月工资的经济补偿 劳动者月工资高于用人单位所在直辖市、设区的市级人民政府公布的本地区上年度职工月平均工资三倍的，向其支付经济补偿的标准按职工月平均工资三倍的数额支付，向其支付经济补偿的年限最高不超过十二年。 本条所称月工资是指劳动者在劳动合同解除或者终止前十二个月的平均工资

> **案例 5-4：孕期、产期、哺乳期劳动保护**
>
> 郑某于 2018 年 8 月 1 日入职某学校从事教师岗位工作，双方签订一年期书面劳动合同。2019 年 4 月郑某怀孕，2019 年 7 月 14 日，学校校长约谈郑某，以合同期满、学校编制不足以及郑某怀孕为由明确告知不与其续约，即学校通知郑某于 2019 年 7 月 31 离职。郑某认为其还处在孕期，学校终止了双方劳动关系属于违法解除双方劳动关系，因此郑某起诉至法院，要求学校支付赔偿金及孕期、产期、哺乳期工资待遇。
>
> 根据《中华人民共和国劳动合同法》第四十二条、第四十五条规定，郑某在孕期且不存在《中华人民共和国劳动合同法》第三十九条情形时，学校不得解除与郑某的劳动关系，即使双方的劳动合同期满，也应当续延至相应的情形消失时终止。但学校违反法律规定不与郑某续约，要求郑某离职，不承认郑某已经按照规定向其办理请假手续，逃避法律责任，严重侵犯了郑某的合法权益。2019 年 12 月 10 日，郑某在医院剖腹产下一名男婴。根据《女职工劳动保护特别规定》第五条以及第八条之规定，因学校违法解除与郑某的劳动关系，导致郑某无法享受应有的孕期、产期、哺乳期待遇，应由学校支付。因此，学校应当向郑某支付孕期、产期、哺乳期工资 74994.48 元。同时学校应支付郑某违法解除劳动关系的赔偿金 13635.36 元（6817.68 元/月 × 1 月 × 2）。

四、劳动者风险防范

（一）招聘广告风险

一些用人单位在招聘会上为了招到条件较好的毕业生，会夸大或隐瞒自己的某些情况。

例如：在发布招聘信息时，往往故意扩大用人单位规模和岗位数量，进行虚假宣传；或者把招聘职位写得冠冕堂皇，不是"经理"就是"总监"，但实际上却只是"办事员""业务员"，根本没有广告上写得那么诱人。

（二）色情陷阱

一些用人单位利用招聘、面试等侵犯学生。有一些招聘广告上称招聘男女公关人员，月薪上万，令一些涉世不深的毕业生掉入陷阱。所谓"男女公关"实则是从事性服务；所谓"高薪"实则是从事性服务时客人所给的小费。面对这样的问题或遇到这样的情况，学生一定要提高警惕，不可随便轻信他人，谨防上当受骗。

（三）传销风险

所谓传销本是指生产企业不通过店铺销售，而由传销员将本企业产品直接销售给消费者的经营方式。该经营方式受到国家的严令禁止。现在的传销者首选对象常常是急于挣钱的打工者，特别是刚刚毕业的学生。他们通过各种渠道得到欲骗对象的电话后，便打着同乡、同学、亲戚等幌子，以帮忙找工作为由，以高薪为诱饵，因人而异，投其所好，骗求职者去进行非法传销活动。求职者一旦进入陷阱，便限制人身自由，被迫从事传销，要么交3000~4000元入门费，要么花3000~4000元购买传销产品作为入门条件。传销组织者还采取扣留身份证、控制通信工具、监视等手段不让受骗者离开，强迫他们联系亲友前来，或者寄钱寄物从中牟利。

（四）协议风险

就业协议是明确毕业生、用人单位在毕业生就业择业过程中权利和义务的书面协议。就业协议一经签订，对双方都具有约束力。按照有关规定，就业协议不能代替劳动合同或聘用合同，这样就可能在毕业生和用人单位之间产生纠纷。常见的毕业生签订就业协议过程中遇到的陷阱有：用人单位不与毕业生签订就业协议书、用人单位不跟应聘者签订劳动合同、用人单位不将承诺写入合同、用人单位与毕业生签订"霸王合同"等。

（五）试用期风险

试用期，就是劳动关系的试验阶段，但绝非是用人单位对劳动者的单方"试用"。我们这里所说的试用期，是指用人单位和劳动者为了相互了解而选择、约定的考察期。一般来说，单位用人有试用期是正常的，试用期的薪水一般都不高，等到转正之后，薪水会有较大幅度提高。很多公司为了使用廉价劳动力，抓住毕业生急于找工作的心理，堂而皇之地打出试用期的牌子，看起来非常规范，待试用期一过，以种种理由告诉求职者不符合录用条件就将其解聘了。这样的公司不断地炒人，毕业生永远不会成为正式员工。

（六）违法收费的风险

当前，在就业市场中，一些用人单位利用毕业生求职心切，设立各种名目向毕业生收取各种不合理费用，如风险抵押金、违约金、培训费等。一些单位可能规模不大，薪水不高，但是开出了一些诱人的条件。例如说，在某大中城市工作，或者能解决这些大中城市的户口问题。希望留在大中城市工作的学生很容易被这样的条件迷惑。双方谈得差不多了，单位又表示，为了增加双方的信任，学生在工作之前必须交押金。等学生交完押金，工作一段时间后，单位的有关人员就表示，聘用之初说定的工作岗位要有些调整，可能把你派到偏僻地区或冷僻部门，而这些地方是学生肯定不愿意去的。单位算准了学生不愿意去，就说学生不服从单位安排也是主动毁约放弃这个岗位，这样，学生交的押金自然收不回来。

（七）薪资待遇风险

用人单位在招聘时以优厚的待遇吸引前来求职的毕业生，等到其正式上班时，招聘时的承诺则以种种理由不予兑现；或是针对薪酬中的一些不确定收入，进行虚假或模糊的承诺，最终不能兑现，或者"缩水兑现"。

（八）窃取智力成果风险

有些单位按程序假装对应聘毕业生进行面试，再进行笔试。在面试、笔试时，把本单位遇到的问题以考察的形式要求前来应聘者作答或设计，待毕业生利用专业优势完成其承担的项目后，再找出各种理由推辞，结果无一人被录用，用人单位却将应聘者的劳动果实据为己有，使毕业生陷入智力陷阱。

除了担心求职陷阱，还要警惕职场违法犯罪，从诈骗犯罪到帮助信息网络犯罪，从非法吸收公众存款犯罪到传销犯罪，近年来，一些高校毕业生找工作时误入歧途，从事违法犯罪活动而被法律制裁，实在令人感到唏嘘和惋惜。

高校毕业生因社会阅历有限、防范意识不强，再叠加就业焦虑，求职过程中很容易忽视其中隐藏的法律风险。同时，这种急于就业的心理，也给了不法分子蒙蔽、诱骗甚至强迫毕业生从事违法犯罪活动的机会。

五、劳动争议处理

常见的劳动纠纷形式如下：
1）因确认劳动关系发生的争议。
2）因订立、履行、变更、解除和终止劳动合同发生的争议。
3）因除名、辞退和辞职、离职发生的争议。
4）因工作时间、休息休假、社会保险、福利、培训以及劳动保护发生的争议。
5）因劳动报酬、工伤医疗费、经济补偿或者赔偿金等发生的争议。
6）法律、法规规定的其他劳动争议。

劳动者与用人单位存在劳动关系是确定纠纷属于劳动纠纷的前提和基础。用人单位与劳动者签订劳动合同是法律的强制性规定，但很多用人单位为逃避责任而不与劳动者签订劳动合同。值得注意的是，只要劳动者举证证明为用人单位提供了劳动，仲裁机构就应当作为劳动案件受理。用人单位若否认双方之间的劳动关系,应当举证证明。

综上所述,职工在单位上班,可能因为一些事情和单位发生冲突,面对劳动纠纷,双方首先应冷静下来,职工也不能采取过激行为。劳动者与用人单位发生劳动争议后,可选择以下方式解决:

1)协商。发生劳动争议,劳动者可以与用人单位协商,也可以请工会或者第三方共同与用人单位协商,达成和解协议。

2)调解。发生劳动争议的,可向企业劳动争议调解委员会,依法设立的基层人民调解组织,或者在乡镇、街道设立的具有劳动争议调解职能的组织申请调解。可以口头形式,也可以书面形式,达成调解协议后,双方必须履行。

3)仲裁。不愿调解、调解不成或者达成调解协议后不履行的,可以向县(区)市级劳动争议仲裁委员会申请仲裁。劳动争议申请仲裁的时效期间为一年,从当事人知道或者应当知道其权利被侵害之日起计算。劳动者必须注意及时申请,否则申请事项将被驳回。

4)诉讼。对劳动争议仲裁委员会的仲裁裁决不服的,可以向人民法院提起诉讼。仲裁是诉讼的必经程序,不经仲裁不能直接提起诉讼。另需注意,诉讼应当自收到仲裁裁决书之日起15日内提起,否则人民法院将不予受理,仲裁《裁决书》即发生效力。

参 考 文 献

[1] 刘金祥,高建东. 大学生劳动就业法律问题解读[M]. 北京:高等教育出版社,2015.

[2] 张劲松,李莉. 大学生职业生涯规划[M]. 北京:科学出版社,2016.

[3] 王兆音,李联贵,胡晓. 职业生涯规划与就业创业指导[M]. 南京:江苏凤凰教育出版社,2018.

[4] 刘向兵. 劳动通论[M]. 2版. 北京:高等教育出版社,2021.

[5] 丁晓昌,顾建军. 新时代大学生劳动教育[M]. 上海:上海交通大学出版社,2021.

[6] 鲁扬,杨天,戴媛媛. 大学生劳动教育[M]. 南京:南京大学出版社,2021.